Beltz Taschenbuch 118

»Klüger und feinfühliger bin ich geworden, seit ich dieses Buch geschrieben habe. Damals konnte ich noch ›Lehrer‹ schreiben und mich Frau mitmeinen. Heute weiß ich, daß ich als ›Lehrer‹ und ›Schüler‹ immer männliche Wesen imaginiere. Für die Grundschule ist das besonders absurd.
Man übe sich beim Lesen darin, auf die eigene Imagination zu achten.
Mann übe sich im Mitgemeintsein, wenn da ›Lehrerin‹ steht.«
Ute Andresen, Dezember 1998

Über dieses Buch:
Es sind kleine Episoden aus dem Erziehungsalltag: Wie Simon begründet, warum er eine krumme Linie bevorzugt, wie Kirja das Weltall zeichnet, was Thomas über den letzten Sonntag schreibt, wie Christiane ihren Puppen Knoten in die Arme macht. Bald erkennt man, daß jede Episode ein Dokument für die Würde der Kinder ist, aber auch für die selbstverständliche Gleichgültigkeit, mit der wir Erwachsenen sie übersehen oder mißachten. Wir sehen, hören, fühlen, verstehen mehr, wenn wir die Kinder ernst nehmen.
»Ein Buch für Eltern und Lehrer, Schulräte und all die ›Bestimmer von außen, die sich hüten, in die Schule zu gehen und nachzusehen‹.«
DIE ZEIT

Die Autorin:
Ute Andresen war fast 25 Jahre lang Grundschullehrerin in München. 1992 ging sie nach Thüringen, um ihre Erfahrungen mit Kindern, StudentInnen und KollegInnen dort zu teilen. Seither lebt sie im Spagat zwischen Erfurt und München.

Im Beltz Verlag erschienen bisher »Das zweite Schuljahr«; »ABC und alles auf der Welt – Ein Lese-Schatz-Buch mit vierfarbigen Bildern« sowie »Versteh mich nicht so schnell – Gedichte lesen mit Kindern« und zuletzt »Ausflüge in die Wirklichkeit – Grundschulkinder lernen im dreifachen Dialog«: *»Die eigentliche Stärke und Schönheit des Buchs liegt in dem, was die Autorin von ihrem eigenen Unterricht und ihren Erfahrungen mit Kindern zu erzählen weiß – eine Einladung zum Nachdenken über Kinder und unseren Umgang mit ihnen.«* Süddeutsche Zeitung

Ute Andresen

So dumm sind sie nicht

Von der Würde der Kinder in der Schule

BELTZ
Taschenbuch

Besuchen Sie uns im Internet:
www.beltz.de

Beltz Taschenbuch 118
2002 Weinheim und Basel
Unveränderter Nachdruck der 9. Auflage 1998

1 2 3 4 5 06 05 04 03 02

Umschlaggestaltung: Federico Luci, Köln
Umschlagabbildung: © Ute Andresen
Gesamtherstellung: Druckhaus Beltz, Hemsbach
Printed in Germany

ISBN 3 407 22118 5

Inhalt

Es war einmal ein Hase er hies Osterhase es gibt in aber nicht. Nur die Eltern machen so alls ob es in gibt. Ich mach aber so alls ob ich es auch gllaube.

Aus dem ersten Schuljahr

Kinder gewöhnen sich an alles

Oft heißt es: »Kinder gewöhnen sich an alles!«, wenn man sich gegen eine Maßnahme der Schule wendet, die empfindsame Seelen enttäuschen, verletzen oder verwirren muß. Wer Kinder davor schützen will, wird schnell als wehleidig verdächtigt. Seelische Wunden kann man nicht vorweisen wie ein gebrochenes Bein. Einfühlung in Kinder gehört nicht zu den Dienstpflichten von Lehrern, Rektoren und Schulverwaltungsbeamten. Sie ist auch schwer zu lernen. Aber Einfühlung ist das wichtigste Organ aller Erwachsenen, die das Leben in der Schule bestimmen.

Weil ich glaube, daß es möglich ist, anderen die Augen zu öffnen für die Kraft und Empfindsamkeit der Kinder und dafür, wie schwer sie es haben, lebendige Menschen zu bleiben in der Schule und ihre eigenen Möglichkeiten zu entfalten – darum habe ich dieses Buch geschrieben. Wer Kinder versteht, wird sie auch achten und wird Wege finden, ihnen hier und heute, im Rahmen der Schulen, die wir haben, gerecht zu werden.

Meine Beispiele stammen fast alle aus der Grundschule, dort bin ich Lehrerin. Ich unterrichte Kinder, die in den sechs oder sieben Jahren vorher sehr viel gelernt haben, meist ohne Anleitung. Nun werden sie beschult. Was dabei mit Menschen geschieht, erkennt man an Schulanfängern am deutlichsten. Wenn wir die Schule verstehen wollen, müssen wir sie von den Kindern aus betrachten, die sich noch nicht an alles gewöhnt haben.

Wer hat die Schule nur erdacht?

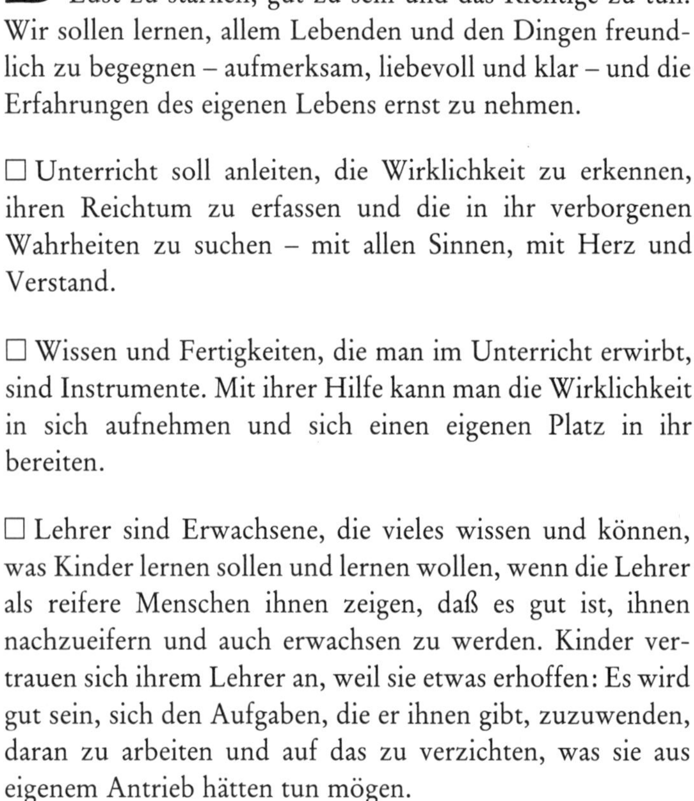

Der Sinn von Erziehung ist es, den Mut, die Kraft und die Lust zu stärken, gut zu sein und das Richtige zu tun. Wir sollen lernen, allem Lebenden und den Dingen freundlich zu begegnen – aufmerksam, liebevoll und klar – und die Erfahrungen des eigenen Lebens ernst zu nehmen.

□ Unterricht soll anleiten, die Wirklichkeit zu erkennen, ihren Reichtum zu erfassen und die in ihr verborgenen Wahrheiten zu suchen – mit allen Sinnen, mit Herz und Verstand.

□ Wissen und Fertigkeiten, die man im Unterricht erwirbt, sind Instrumente. Mit ihrer Hilfe kann man die Wirklichkeit in sich aufnehmen und sich einen eigenen Platz in ihr bereiten.

□ Lehrer sind Erwachsene, die vieles wissen und können, was Kinder lernen sollen und lernen wollen, wenn die Lehrer als reifere Menschen ihnen zeigen, daß es gut ist, ihnen nachzueifern und auch erwachsen zu werden. Kinder vertrauen sich ihrem Lehrer an, weil sie etwas erhoffen: Es wird gut sein, sich den Aufgaben, die er ihnen gibt, zuzuwenden, daran zu arbeiten und auf das zu verzichten, was sie aus eigenem Antrieb hätten tun mögen.

Wie komme ich dazu, Schule so zu beschreiben? Ich kenne doch den Überdruß von Kindern, Lehrern, Eltern an der Schule. Ich kenne den Widersinn, ja Wahnsinn dessen, was sich dort alle Tage abspielt. Ich kenne den zermürbenden, oft wütenden, oft kleinlauten und vergeblichen Kampf auf allen Ebenen der Schule, der lähmt und niederdrückt.

Ich erinnere mich an Christian, der kurz vor dem Abitur stand und mir von den jahrelangen, erbitterten Streitereien mit seinem Direktor erzählte. Er war Schülersprecher, der Direktor verbot ihm und der Schülermitverwaltung alles, worin er ›Politik‹ witterte. Er selbst mißbrauchte sein Rederecht bei Schulveranstaltungen, um seine politischen Ansichten zu verkünden. Wenn Christian beim Gespräch die Hand in die Hosentasche steckte, zog der Direktor sie ihm einfach heraus. Er selbst stand da mit den Händen in den Hosentaschen. Für den Direktor war Christian sicher ein Rebell, mir erschien er sehr sanftmütig. Und es war rührend, wie er als einziger Schüler in einer Runde von Lehrern wehmütig sagte: »Schule hätte so etwas Tolles sein können!«

Ich denke an den Ernst und den Eifer, der meine Zweitkläßler beseelt, wenn ›Freies Lernen‹ angesetzt ist. Dann stehen ihnen viele Möglichkeiten offen: Sie können ihr Rechentraining fortsetzen, eine Geschichte schreiben, setzen und drukken, sich einen kleinen Text einprägen und dann auswendig schreiben, zu zweit mit den Kopfrechenkarten üben, eins von den vorgeschriebenen Büchern lesen, ein Rechenpuzzle legen, im Tagebuch schreiben, die Mäuse beobachten und die Beobachtungen aufschreiben, am Zahlenstreifen weiterschreiben um dem Ziel, der Zahl 1111 näherzukommen ... Sie wählen ihre Aufgabe – nicht immer alle sofort, aber doch die meisten ganz selbstverständlich, jedesmal. Und wenn ich einem sage, er müßte wohl eine bestimmte, ungeliebte Aufgabe zuerst erledigen, gibt es selten Mißmut, weil er mir glaubt.

Katharina: »Ich habe ein Bild für dich gemalt.
Da bringst du uns allen das Fliegen bei.«

Wer hat die Schule nur erdacht?

Einmal, im Frühling, standen wir am Ende eines Vormittags um den großen, runden Tisch, zweiundzwanzig Kinder und eine Lehrerin, jeder erfüllt von all dem Neuen, was wir an verschiedenen Pflanzen entdeckt und über sie erfahren hatten. Auf dem Tisch Gläser mit Blumen und Blütenzweigen, bei jedem Glas ein Schildchen zum Aufstellen mit dem Namen: Vergißmeinnicht, Stiefmütterchen, Tausendschönchen, Ranunkelstrauch ... Wir hatten die Schilder grad eingesammelt, gemischt und wieder neu verteilt. Nun sangen wir zum Schluß das Lieblingslied dieser Tage:

Wer hat die Blumen nur erdacht?
Wer hat sie so schön gemacht –
gelb und rot und weiß und blau,
daß ich meine Lust dran schau?

Dann hüpften die Kinder aus der Klasse, einem Frühlingsnachmittag entgegen, der außer Sonne und Spielen auch noch Hausaufgaben bereithielt, und zwei Kinder sangen:

Wer hat die Schule nur erdacht?
Wer hat sie so schön gemacht?

Nachmittags traf ich einen Vater, dessen Sohn seit ein paar Monaten im Gymnasium war. »Er kennt sich langsam nicht mehr aus!« klagte er. »Und ich kenn mich auch nicht aus. Im vorletzten Schulaufsatz hat sein Deutschlehrer ihm angestrichen, daß er zu wenig wörtliche Rede benutzt. Und es fehlten die Gedanken dessen, um den es ging in der

Geschichte. Im letzten Aufsatz nun hat's der Rudi dann so gemacht, die Gedanken mit aufgeschrieben, und der Lehrer hat drangeschrieben: Wen interessiert das? – Jetzt geh ich aber hin und red mit dem! Der bringt mir den Rudi ja ganz durcheinander.« Er ging hin und mußte sich sagen lassen, solche Ungereimtheiten müsse ein Schüler des Gymnasiums ertragen können, ohne daß ihm das was ausmachte.

Irgendwann saß ich mit einem Kind, Monika, viertes Schuljahr, über den Hausaufgaben: Sprachlehre; eine Geschichte sollte in die Vergangenheit gesetzt werden, aber es war nicht ganz klar, ob es heißen sollte ›Ich ging zum baden.‹ oder etwa ›Ich bin zum Baden gegangen.‹ Monika konnte sich nicht erinnern, was in der Schule besprochen worden war, wußte mit dem Begriff ›Vergangenheit‹ nichts anzufangen, wollte nur fertigwerden. Meine Frage am nächsten Tag: »War das denn nun richtig, was du geschrieben hast?« – Antwort: »Weiß nicht, hat er nicht angeschaut.«

Mir ist Grammatik seinerzeit in der Schule fremd geblieben. Stilfragen waren mir wichtig, grammatische Strukturen nicht, es sollte sich nur richtig anhören, was ich schrieb. Auch als Lehrerin war ich lange Zeit unbeholfen, wenn ich etwas davon unterrichten mußte. Meistens verlegte ich das auf die Stunde nach der Pause, dann konnte ich mich vorher bei Kollegen absichern. Aber eines Tages hat mich die Begeisterung für Grammatik fasziniert, die ich in der Klasse einer Kollegin fand, die ich vertreten mußte. Es gab also einen Weg, Kindern dieses mir fremde Gebiet zu eröffnen!

Die Wende brachte dann ein Besuch im Bayerischen Nationalmuseum. Die Gestalt einer mütterlichen Grammatica, links und rechts ein kleines Menschlein an der Hand, eine Holzplastik aus dem frühen 14. Jahrhundert, weckte meine Neugier und mein Vertrauen. Konnte ich die Kinder nicht doch anders als bisher an die Hand nehmen und in den bewußteren Umgang mit der Muttersprache führen?

Heute kann ich meinen Schulkindern sagen: »Setzt euch vor die Tafel, ich will euch wieder etwas von der Grammatik zeigen!« Dann sind sie bereit, einen weiteren kleinen Schritt in ein geheimnisvolles Regelwerk einzudringen, mit dem wir leben, ohne es zu wissen. Seit ich den Kindern gezeigt habe, daß sie zu den meisten ihnen bekannten Hauptwörtern auch den Artikel wissen, ohne ihn jemals absichtlich gelernt zu haben, seit sie erlebt haben, daß der Unterricht in Grammatik sie etwas von sich selbst und ihrer Sprache entdecken läßt, seit ich ihnen dann die dicke Duden-Grammatik mitgebracht habe als Symbol für alles, was es über unserer Muttersprache an Grammatik zu lernen gäbe – seither wollen sie Schritt für Schritt mehr davon verstehen, hören aufmerksam zu und üben geduldig.

Ich will mir die Freude in der Schule nicht vergällen lassen, will die schönen Augenblicke nicht als exotische Blüten am Rande eines Gestrüpps aus Unklarheit, Drohung, Zwang und Angst sehen. Freude in der Schule bedeutet, daß etwas klar wird, etwas wächst und reift, sich entfaltet. Das Elend der schlechten Schule besteht nicht nur darin, daß man sich quält und langweilt, schlimmer ist, daß die Kinder um das

Gute betrogen werden. Sie haben darauf gehofft, hoffen immer wieder gegen viele Enttäuschungen, weil sie unbewußt wissen, daß es möglich wäre und ihnen zustünde. Schule sollte etwas Tolles sein, ein Glück für Kinder und Erwachsene, die dort zusammenarbeiten, sicher oft auch beschwerlich, aber doch ein Glück. Heute kann niemand unseren Kindern versprechen, sie würden eines Tages an einem ganz bestimmten Arbeitsplatz Trost und Lohn für die Entfremdung, für den Zeit- und Selbstverlust finden, die die Schule erzwingt. Das könnte die reformerischen Kräfte in der Schule ermutigen, nicht mehr in die Zukunft zu stieren, sondern in der Gegenwart mit den Kindern die Lust am Begreifen zu entfalten.

Wir lassen uns zu leicht verleiten, das, was wir heute von Kindern verlangen, aus dem zu begründen, was vielleicht eines fernen Tages nützlich für sie sein könnte. Damit verraten wir ihre Gegenwart an eine ungewisse Zukunft. So verstümmeln wir das, was leben will und uns anvertraut ist.

Neulich zeigte mir eine Freundin, Lehrerin einer ersten Klasse, einen Brief, den ihr ein Mädchen geschrieben hatte im vierten Schulmonat: ein Beschwerdebrief. Sie wollte umgesetzt werden, neben eine Freundin. Und als das nicht gleich geschah, kam am nächsten Tag gleich noch so ein Brief und dazu ein gezeichneter Sitzplan der ganzen Klasse. Das hatte soviel Erfolg, daß die Kinder in dieser Klasse nun immer, wenn sie finden, sie kämen nicht oft genug dran oder sonstwie nicht zu ihrem Recht, Beschwerdebriefe schreiben. Und ihre Lehrerin nimmt die Briefe an und ernst.

Jch mag mich zur
Monika Sizen
Zum lezten mal
frau Bedall
OliviA
da frau Bedall danke
frau Bedall

Jch mag nicht mer warten

Son dan Jch mag mich
zur Monika Sizen

frau Bedall
da frau Bedall

Zum lezten mal

frau Bedall.

Führ Frau Bedall ,geschrieben Alexandra

Frau Bedall ich möchte mich beschweren
ich habe gesternfast wie die Schule war habe
ich immerden Finger gehoben aber heute
komme ichbitte dran Frau Bedall Frau Bedall
Sagen Siebitte ja ja

Alexandra

Die Schule verletzt Tag für Tag die Würde von Kindern, und sie wehren sich dagegen mit innerer Abkehr und Gleichgültigkeit oder Ungehorsam. Manche werden seelisch krank und verlieren sich in Ängsten. Manche versuchen, sich mit frühem Zynismus gegen den Verlust der Selbstachtung zu wappnen. Sie verkaufen ihr Leben für gute Noten.

Auch wer gerne Lehrer ist und Kinder liebt, tut ihnen manchmal weh und unrecht, weil er sich gedankenlos oder feige der Diktatur des in der Schule Üblichen beugt. Man kann nicht ständig alles scheinbar Selbstverständliche auf seine Begründung hin prüfen, möchte sich eher darauf stützen. Auch Lehrer sehnen sich danach, einverstanden zu sein mit dem, was zu tun man von ihnen erwartet. Sie wünschen sich, zu einer Gemeinschaft zu gehören, die wenigstens manchmal gleichgestimmt zusammenwirkt.

Die geistige Freiheit gegenüber dem Verordneten und Üblichen ist uns nicht angeboren, eher schon der Trieb, mit dem Strom zu schwimmen. Man versichert sich gegenseitig, daß die Richtung stimmt und alles Greinen von Skeptikern und Sensiblen nicht ernstgenommen werden muß. Man hilft einander über die Untiefen und schaut gemeinsam weg, wenn etwas offenbar nicht so ist, wie es sein soll.

Das Unbehagen des einzelnen Lehrers, der spürt, daß er im Dunkeln tappt, daß er schwimmt, daß er das Lebendige einzwängt und umlügt, läßt sich überlärmen von den Kaffeetassen im Lehrerzimmer.

Wir sind selten imstande, das, was in der Schule vorgeht, so zu sehen, wie es wirklich ist. Immer steht etwas davor und versperrt den Blick: die nie überprüften Behauptungen von Schulwissenschaften und -verwaltung, wie es in der Schule zugehen soll und auszusehen hat. Ist die Wirklichkeit anders, scheint es so, als hätten wir Lehrer etwas versäumt oder falsch gemacht. Und wenn wir uns sehr angestrengt haben, die Pläne zu erfüllen, die Behauptungen zu bestätigen, die man uns vorhält, und doch nicht alles so ist, wie es sein sollte, sind eben die Kinder schuld daran.

Und so müssen sich alle in der Schule einfügen in Stundenpläne, Sitzordnungen, Lehrpläne, gar Stundenbilder mit genau bezeichneten Stellen für die Fragen des Lehrers und die Antworten der Kinder. Müssen sich einfügen in Vorurteile über das, was sie wissen und lernen können und wollen, in all die Arrangements, die das Mißtrauen ersonnen hat, um sie am Faulsein zu hindern.

Der Lehrer muß bockbeinige Kinder voranzerren und -treiben, auch wenn er etwas Schönes, Richtiges mit ihnen vorhat. In der Schule ist Kampf, wo man sich gemeinsam der gemeinsamen Wirklichkeit zuwenden sollte und sie als etwas begreifen müßte, was man teilt und darum nur miteinander verstehen und beeinflussen kann.

Wenn ich an die Schule denke, mischen sich Traum und Alptraum. Im Alltag eines Lehrerlebens geht es immer darum, den Alptraum zurückzudrängen, zu entzaubern, fortzublasen und dem Traum mehr Raum zu geben. Dabei können alle zu Gegnern werden: Kinder, Eltern, Kollegen, Schulaufsichts- und Kultusbeamte, Schulpolitiker und -wissenschaftler.

Womöglich wären alle lieber Verbündete, trügen gerne ihr Teil zu einer menschenwürdigen Schule bei. Aber sie können oft kaum miteinander reden. Es scheint keine gemeinsame Wirklichkeit zu geben, auf die jeder sich gleichermaßen bezieht. Und die Bestimmer von außen hüten sich, in die Schulen zu gehen und nachzusehen, wie es sich denn lebt und lernt mit ihren Ideen. Daß das nicht nötig sei, daß man von außen her angemessen planen und bestimmen könne, ist ein Wahn, den sie offenbar brauchen und darum sorgsam hüten.

Ein guter Lehrer lernt mit allen seinen Kindern immerfort Neues: über die Dinge des Unterrichts, übar die Kinder, über sich, über das Leben und die Schule. Er müßte seine Erfahrungen, seine Einsichten teilen mit den an der Schule beteiligten Erwachsenen. Er müßte dafür eintreten können, daß er mehr von den ihm anvertrauten Kindern weiß als alle Planer in den Hochschulen und Ministerien, mehr auch als die sicher allgemein erfahrenen, aber in jeder einzelnen Klasse doch fremden Beamten der Schulaufsicht, die kurz mal hereinschneien und sich Kunststücke vorführen lassen.

Der Lehrer allein trägt für alles, was in seinem Unterricht geschieht, die Verantwortung. Die anderen müßten ihn respektieren als denjenigen, der am meisten Liebe für die in der Schule lernenden Kinder hat. Aber man darf auch nur dann mit gutem Gewissen Lehrer sein, wenn man es gerne ist und Kinder mag.

Ich versuche, zu begreifen und zu beschreiben, wie man in der Schule von heute ein guter Lehrer sein kann, indem ich das, was ich erlebe und erfahre, ernst nehme: was die Kinder mir sagen und zeigen, was ich selber spüre als Unbehagen oder Freude, was mir Kollegen erzählen.

Die Praxis der alltäglichen Schularbeit, auch die in der Schule gewachsenen Traditionen des Lernens und Lehrens, werden von der Wissenschaft, die doch für die Schule denken und träumen sollte, weitgehend ignoriert. Es gibt keine nennenswerte pädagogische Feldforschung in Deutschland.

Aber es gibt den offenen, kritischen Umgang von Kollegen, die sich gegenseitig auf Möglichkeiten, Beengungen, Fehlhaltungen und Verhärtungen aufmerksam machen. Sie lernen voneinander, weil sie sich gegenseitig respektieren, weil sie wissen, daß keine zwei Klassen, keine zwei Kinder gleich sind und daß es ein Wahnsinn wäre, für alle dasselbe zu planen. Sie erzählen sich gegenseitig ihre Erfahrungen, und der Zuhörer nimmt Anteil, verhilft durch sein Zuhören zur Klärung, fragt nach und ergänzt. Er weiß nicht von vornherein besser, wie es gemacht werden sollte.

ICH ERINNERE MICH an die Schule von Barbiana. Viele von uns haben den Brief jener Schüler an eine Lehrerin gelesen (Die Schülerschule, Berlin 1970). Das Modell erschien uns als Alternative: ein Modell für eine demokratische Schule, für die Verwirklichung von Chancengleichheit, für die Erziehung zur Gesellschaft und zur Selbstverwaltung. Es ist eigenartig, daß wir damals über einen Aspekt von »Barbiana« nie diskutiert haben. Er war uns peinlich und paßte uns nicht ins Konzept. Die Schüler von Barbiana nämlich forderten und praktizierten die reine Lernschule, in der nichts anderes stattfand als lernen, lernen, lernen – ohne freie Sonntage, ohne Ferien. Das haben wir alle, wenn wir »Barbiana« propagierten, diskret verschwiegen.

Ich glaube heute, wir erkannten damit den zentralen Punkt des Barbiana-Modells nicht. Die Forderung nach der reinen Lernschule hielten wir für konservativ ...

Nur die Lernschule kann die Alternative zur Selektionsschule sein. Ich meine nicht die Lehrschule – ich meine die Lernschule. Alles andere – und wohl auch das, was wir 1968 von dieser Schule forderten – benützt sie nur als Alibi zur Repression. Im übrigen, alle fordern das in irgendeiner Weise ... Die Schule selbst scheint daran interessiert zu sein, mit modernen Methoden, mit neuen Werkzeugen, mit einer ganzen Maschinerie ihren Lehrauftrag abzutarnen. Lernen ist ihr zu primitiv – sie will etwas vorzuführen haben.

*

Vielleicht ist Schule etwas viel Einfacheres, etwas weniger Spektakuläres. Wenn Illich die Abschaffung der Schule postuliert und Freire sagt, daß eine Schule eine Wandtafel brauche und eine Kreide, dann meinen sie vielleicht das: eine

Schule, in der man lernt. Was mehr ist, ist Repression, sagt Illich.

Was aber Barbiana wirklich ist, das ist mir erst später aufgefallen, als ich wieder für ein Jahr Schule hielt und mit Barbiana-Ideen experimentierte. Ich übergab nach und nach den Unterricht den Schülern und funktionierte (vor allem in Naturkunde, Geschichte, Geographie) nur noch als Berater, Auskunftsperson und Materialbeschaffer (eine weit anstrengendere Aufgabe als sich selbst vorzubereiten). Die Stunden hielten einzelne Schüler. Sie machten das methodisch furchtbar schlecht. Die Stunden waren für mich peinlich langweilig: reiner Frontalunterricht, reines Dozieren ohne jede Spannung. Ich gab auf, brach den Versuch ab und übernahm die Stunden wieder selbst. Nach einigen Tagen kamen die Schüler und wollten wissen, weshalb sie nun nicht mehr selbst unterrichten dürften, das hätte ihnen sehr gefallen.

Ich sagte: »Ich glaube, es war doch sehr langweilig.«

»Nein, wir fanden es sehr gut«, sagten sie.

»Warum?«, fragte ich.

»Weil, wenn einer von uns da vorn steht, dann sagt er einfach alles, was er zum Beispiel über eine Pflanze weiß, und dann wissen wir das auch.«

»Gut, aber ein bißchen langweilig war das schon«, sagte ich.

»Nein, das ist nicht langweilig, wenn man erfährt, was einer weiß«, sagten sie.

Sie unterrichteten wieder. Ich habe mich sehr, sehr mühsam daran gewöhnt. Ich habe mich noch lange gelangweilt. Ihnen hat es wirklich gefallen. Sie begannen zu lernen.

Nur eines, man hätte es niemandem vorführen dürfen. Das wäre eine schlechte Propaganda für das Barbiana-Modell gewesen.

Peter Bichsel ›Arbeitserziehung‹ in: Freibeuter 5, 1980

Des Kaisers neue Kleider

Vor vielen Jahren lebte einmal ein Kaiser, der so über die Maßen viel von schönen neuen Kleidern hielt, daß er all sein Geld ausgab, um nur immer recht geputzt zu sein. Für jede Stunde des Tages hatte er einen anderen Rock, und wenn man sonst von einem Kaiser sagte: er sitzt mit seinen Räten im Rate, so hieß es von ihm immer nur: er steht vor seinen Kleiderschränken und hält Musterung über seine Staatsröcke.

Nun kamen eines Tages zwei Spitzbuben aus der Fremde, die davon gehört hatten, auf sein Schloß und gaben sich für Weber von einer besonderen Kunstfertigkeit aus. Die Stoffe, die sie zu weben verstünden, so sagten sie, die seien in Farben und Mustern von ungewöhnlicher Schönheit. Aber das allein wäre noch gar nichts. Die Kleider nämlich, die sie daraus machten, die hätten eine noch viel wunderbarere Eigenschaft. Jeder nämlich, der nicht für sein Amt tauge, oder ein Dummkopf wäre, für den blieben sie völlig unsichtbar.

Als das der Kaiser vernahm, freute er sich von Herzen. „Das sind ja gerade die Kleider, die ich brauche", sagte er bei sich. „Wenn ich sie anhabe, werde ich gleich wissen, wer ein Dummkopf ist und dahinterkommen, welche Leute in meinem Reich für ihr Amt untauglich sind. Ja, diese Stoffe müssen sofort für mich gewebt werden."

Er ließ also den beiden Spitzbuben einen Beutel mit Gold überreichen, damit sie ungesäumt mit ihrer Arbeit beginnen könnten, und ein großer Saal des Schlosses wurde ihnen als Weberwerkstatt eingeräumt. Sie stellten dort auch zwei große Webstühle auf und taten, als wenn sie jeden Tag bis tief in die Nacht hinein eifrig webten; und bald hatte es sich in der ganzen Stadt herumgesprochen, was für beson-

dere Eigenschaften die Stoffe hatten, an denen sie da arbeiteten. In Wirklichkeit aber hatten sie nicht einen Faden auf den Spulen.

Nach einiger Zeit dachte der Kaiser bei sich: „ich möchte doch gerne wissen, wieweit die beiden mit ihrem Stoff schon sind und ob er nicht bald fertig gewebt ist." Aber er wollte einstweilen doch lieber nicht selber hingehen, wenn er sich auch zutraute, daß er etwas sehen würde. „Ich will meinen alten ehrlichen Minister hinschicken", sagte er, „der kann am besten sehen, wie das Zeug sich ausnimmt, denn er ist kein Dummkopf, und niemand führt sein Amt besser als er." Als aber der alte Minister in den Saal kam, wo die beiden an ihren leeren Webstühlen werkelten, da riß er die Augen auf. „Lieber Gott im Himmel", sprach er bei sich, „ich kann ja nicht das geringste von dem Stoff sehen", aber er ließ es sich nicht anmerken.

„Nun, Euer Exzellenz", sprach einer von den Webern, „Euer Exzellenz sagen ja gar nichts? Gefallen Euer Exzellenz unsere Farben und Muster nicht?" „Aber nicht doch", sagte der Minister und hob die Brille vor die Augen und starrte auf den leeren Webstuhl, „sie gefallen mir sogar ganz allerliebst, und ich werde das dem Kaiser berichten." „Nun, das freut uns aufrichtig", sagten die beiden Spitzbuben, und in der nächsten Woche verlangten sie noch einmal einen Beutel mit Dukaten, weil sie noch mehr Seide zum Weben kaufen müßten und noch mehr Gold, es hineinzuwirken. Endlich aber ließ es dem Kaiser doch keine Ruhe mehr, und er machte sich mit seinem ganzen Hofstaat auf, um den Stoff in der Werkstatt zu besehen, und der alte Minister mußte vorangehen. Die beiden Spitzbuben webten aus Leibeskräften, als der Kaiser mit seinem Hofstaat in den Saal hereintrat, und der alte Minister zeigte auf den leeren Webstuhl und sagte: „Hier, Euer Majestät, sind es nicht ganz herrliche Muster und Farben?"

„Gott im Himmel", dachte nun auch der Kaiser, „ich sehe ja nicht einen Faden! Sollte ich nicht zum Kaiser taugen? Das wäre ja ganz entsetzlich! Niemand darf etwas davon merken." Darum beugte er sich über den Webstuhl und blickte auf und nieder und nickte gnädig mit dem Kopf. „Oh, es ist sehr schön", sagte er dann, „und es findet meinen allerhöchsten Beifall." Da blickte auch sein ganzes Gefolge den Webstuhl an, und alle nickten mit dem Kopf und alle sahen nichts und alle sprachen: „Wahrhaftig, es ist überaus schön, was ihr da macht, es ist des allerhöchsten Geschmacks nicht unwürdig geraten. Die Majestät sollten die neuen Kleider daraus bei der großen Prozession zum ersten Male anziehen." Damit war der Kaiser einverstanden, und zur Belohnung verlieh er den beiden Spitzbuben seinen höchsten Orden und zeichnete sie mit dem Rang und dem Titel von Weberjunkern aus.

In der Nacht vor dem großen Umzug durch die Stadt aber stellten sich die beiden Gauner fleißiger als jemals zuvor. Sie hatten alle Lichter brennen und nahmen das Web vom Webstuhl, das gar nicht vorhanden war, und schnitten mit großen Scheren durch die Luft und nähten mit Nadeln ohne Zwirn, und zuletzt, als der Tag schon graute, da taten sie den letzten Stich und sprachen: „So, nun sind des Kaisers neue Kleider fertig."

Am Morgen kam der Kaiser selbst mit seinen vornehmsten Höflingen in den Saal, um die Kleider anzulegen. „Hier, Euer Majestät", sagte der eine Spitzbube und hob den einen Arm in die Höhe, als ob er etwas halte, „hier sind die Hosen, belieben nunmehr hineinzusteigen", und, „hier ist der Rock und der Mantel", sagte der andere und hielt den anderen Arm in die Höhe. „Es ist alles wie Spinneweben so leicht, es möchte einer glauben, er sei nackig und habe überhaupt nichts auf dem Leibe, aber das ist gerade das Schöne daran."

„Ja", riefen die Hofleute wie aus einem Munde, „gerade das ist das Schöne daran", aber sehen konnte keiner etwas, denn es war nichts da.

„Wollen Euer Majestät nun allergnädigst geruhen, dero Kleider abzulegen", fuhr der eine Spitzbube fort. „Wir wollen Euer Majestät die neuen Kleider dort vor dem Spiegel anprobieren", setzte der zweite hinzu.

Da legte der Kaiser alle seine Kleider ab, und die beiden Spitzbuben stellten sich, als zögen sie ihm die neuen Stück für Stück vor dem Spiegel an, und der Kaiser drehte und wendete sich hin und her.

„Gott, wie kleiden den Kaiser die neuen Kleider schön", sagten die Höflinge, „und wie vortrefflich sie sitzen."

„Wirklich?" fragte der Kaiser und drehte sich noch einmal vor dem Spiegel um sich selber, „sitzen sie wirklich so gut? Dann wollen wir jetzt gehen."

Da tappten die Kammerherrn mit den Händen auf der Erde herum, als wollten sie die Schleppe des Kaisermantels aufheben, und dann gingen sie mit vorgestreckten Armen hinter ihm drein, als trügen sie wirklich etwas.

So schritt der Kaiser in feierlichem Aufzug unter dem Thronhimmel durch die Straßen, und alle Menschen riefen: „Himmel, wie sind des Kaisers neue Kleider wundervoll geraten! Und wie gut ihm alles sitzt, wie angegossen."

Niemand aber wollte zugestehen, daß er nichts sehe, denn dann wäre er ja als ein Dummkopf erkannt worden, oder als untauglich für sein Amt. Soviel Glück hatte noch keines von des Kaisers Kleidern gemacht.

Nur ein kleines Kind, das auch zuschaute, das rief mit einem Male ganz laut: „Aber er ist ja nackend, er hat ja überhaupt nichts an!"

Da flüsterte es einer dem anderen zu, was das unschuldige Kind gesagt hatte, und mit einem Male rief das ganze Volk: „Aber er hat ja gar keine Kleider an!"

Dem Kaiser kam es nun auch so vor, als hätten sie nicht unrecht. Aber was sollte er machen? Er mußte weiter gehen, als habe er nichts gehört, und hinter ihm drein stiefelten seine Kammerherrn und trugen die Schleppe aus Luft.

Nach Andersen.

Schulpolitiker lassen sich Neuerungen einreden, ohne die Schule zu fragen, ob sie etwas taugen. Sie fragen auch nicht danach, was aus der Schule verschwinden muß, welche Fächer, Themen, Traditionen, Freiräume, damit das Neue Platz findet. Sie wollen einen neuen Putz, um ihre Fortschrittlichkeit zu beweisen. Und sie erwarten von der Schulverwaltung und den Lehrern, daß sie mitmachen und helfen und applaudieren und auch die Kinder abrichten, keine Schwierigkeiten zu machen. Und wenn das nicht klappt? – Dann kommt die nächste Mode.

Der Lehrer kann sich nicht auf Traditionen stützen, die ihm zuverlässig sagen, wie er zu unterrichten und zu erziehen hätte, um seine Sache gut zu machen. Es gibt kein überliefertes, von Generationen verfeinertes Handwerk des Schulehaltens, das vor Schlamperei und fixen Ideen schützte.

Es ist die Verantwortung jedes einzelnen Lehrers, zu entscheiden, immer wieder neu: Bin ich mit den Kindern auf dem Weg der Wahrheitssuche oder versuche ich, mit ihnen einen Schein zu erzeugen? Mache ich ihnen die Wirklichkeit besser sichtbar, fühlbar, verstehbar, oder ziehe ich einen Schleier über sie, stelle ein Bild davor?

Es gibt in der Schule Sitten und Gebräuche, Theorien und Moden, deren Wirksamkeit und Sinn oft nur behauptet, selten überprüft wird. Wer Macht hat, über die Schule oder direkt über die Kinder, kann versuchen, seine Ideen vom richtigen Leben und Lernen in Vorschriften umzusetzen. Hinter der Gewalt, mit der dann reglementiert wird, steckt eine Not. Die Not eines Menschen, der hofft, seinen Seelenfrieden zu finden, sobald der seinem Einfluß unterworfene

Teil der Welt nach seinen Ideen geordnet ist. Was der Ordnung zuwiderläuft, darf nicht sein, weil es mit seinen Ordnungsideen seine innere Sicherheit bedroht. Das sieht dann zum Beispiel so aus, daß ein Schulrat den Ehrgeiz entwickelt, seinem ganzen Bezirk vorzuschreiben, wie die Kinder im Sachunterricht ihre Sätze anzufangen hätten:

Ich beobachte ...
Ich vermute ...
Ich weiß ...

Diese Satzanfänge schreibt der Lehrer auf ein Plakat und hängt es an die Wand. Spricht ein Schüler anders, unordentlich, deutet der Lehrer auf das Plakat. Bald soll es genügen, daß der Lehrer mit einem Blick an die Wand, wo das Plakat hing, die Schüler zur Ordnung ruft. Dann ist das Ziel erreicht: Die Gesprächsführung im Sachunterricht kann als gut gelten. Tatsächlich wurde nur ein Schein erzeugt.

Wie geredet wird, wenn man sich von vielen Seiten einem unbekannten Gegenstand nähert, kann nicht vorgeschrieben werden, ohne zu hemmen und zu verfälschen. Gerade das gemeinsame Nachdenken lebt von Andeutungen, Ahnungen, vom vorläufig noch Ungenauen. Wenn von Anfang an Gedanken nur laut werden dürfen, die sich in eine vorgeschriebene Form fügen, ist es unmöglich, daß die den Gegenstand betreffenden Erfahrungen aller Kinder sich regen, von allen aufgenommen und miteinander verknüpft werden. Das Destillat aus dem Zusammengetragenen mag am Schluß die strenge sprachliche Form haben, die Beobachtungen, Vermutungen und Wissen genau trennt. Zu früh erzwungen, hat sie nur einen armseligen, toten Inhalt.

Wenn die Methoden des Unterrichts so das Lernen behindern, wird nicht nur der Stoff verschleiert und dem Begreifen entzogen, das lernende Kind wird auch in seinen Gefühlen verwirrt. Es muß angesichts der Selbstgerechtigkeit der Schule, die es angeblich gut mit ihm meint, sich selbst für dumm halten. Es darf seinen Gefühlen und Beobachtungen, die den Anspruch der Schule entlarven könnten, nicht glauben, weil die Pflicht, soviel Zeit für die Schule zu opfern, dann gar nicht mehr zu ertragen wäre. Und sein Mitgefühl gebietet ihm, den Lehrer, dessen Not er spürt, nicht im Stich zu lassen, sein Spiel mitzuspielen.

Der Lehrer braucht die Bereitschaft der Kinder, ihm zu folgen und Recht zu geben. Sie müssen nur auch sagen dürfen: »Aber das geht ja gar nicht!«, wenn seine Pläne nicht für die Wirklichkeit taugen. Auch wenn Universitäten, Ministerien und Verwaltung meinen, sie könnten der Schule bis ins Detail vorschreiben, was sie zu tun habe, müssen die Kinder die Freiheit behalten, zu sagen: »Aber das geht ja gar nicht!« – unter dem Schutz ihrer Lehrer. Es muß ihnen erlaubt sein, ihren Teil der Wahrheit, die Möglichkeiten und Notwendigkeiten des Lebens, die übersehen, vergessen oder vernachlässigt wurden, ins Licht zu rücken. Die Aufgabe der Lehrer wäre es dann, das Erwachsene und das Kindliche, die äußeren und die inneren Notwendigkeiten miteinander zu versöhnen in einer gemeinsamen Wirklichkeit.

Als ich gerade ein Jahr lang Lehrerin war, hörte ich von der Neuen Mathematik. Ich war begeistert von den Plättchen und Stäbchen, mit denen die Kinder hantieren und selbst entdecken konnten, was ich mir als Schulanfänger alles hatte vorstellen oder dem Lehrer einfach glauben müssen. Vorsichtig mischte ich das Neue in meinen Rechenunterricht, der sich auf ein älteres, mehrfach aufgrund von Schulerfahrungen überarbeitetes Rechenbuch stützte. Mit den Kindern, die so gerne rechnen lernen wollten, hab ich die Möglichkeiten des Bewährten und des Neuen entdeckt, in beidem war etwas, das weiterhalf. Aus beidem und aus unseren eigenen Einfällen ergab sich unser Weg in die Mathematik.

Dann kam ich nach drei Jahren nach München, sollte eine erste Klasse übernehmen und im Mathematikunterricht ein Buch benutzen, auf das sich der Schulamtsbezirk geeinigt hatte. Ich kannte das Buch und mißtraute ihm. Ich fürchtete, die Kinder zu verwirren, wenn ich nach dem Buch vorginge. Aber ich mußte das tun, alle taten das. Hätte ich auf meiner Weigerung bestanden, hätte ich meine Klasse verloren. Also gab ich nach. Und es ging auch zunächst ganz gut. Ich plante meine Mathestunden bis ins Einzelne und zog sie energisch durch. Die Kinder folgten. Aber bald hatte ich einen sich wiederholenden, quälenden Traum:

Ich unterrichtete, und die Kinder verstanden nicht, reagierten nicht, nahmen mir nichts ab. Ich bohrte und bohrte auf derselben Stelle ... Die Kinder duckten sich, zogen die Köpfe ein, verstanden mich nicht. Aber ich wollte ihre Antwort, wollte Gemeinsamkeit, wollte Resonanz. Ich konnte nicht davon ablassen, verzweifelt und ganz vergeblich, bis ich aufwachte. Und dann blieb mir der Krampf noch lange in allen Gliedern sitzen.

Eines Tages habe ich die Bücher eingesammelt, in den Schrank gesperrt und mit den Kindern so gerechnet, wie es mir mit ihnen richtig zu sein schien. Ich hab sie nicht mehr Mengen aus verschiedenen Elementen bilden lassen, um die Anzahl fünf oder sieben oder neun zu verdeutlichen. Ich hab sie, wie sie das lieben, Mengen aus lauter gleichen Dingen legen oder auch zeichnen lassen. Mich selber fasziniert es ja immer noch, wenn ich sieben Marienkäfer sehe oder zwanzig Pfennige oder sechs Kastanien, die aber womöglich alle verschieden groß und etwas unterschiedlich in der Form.

Irgendwann später, in einem günstigen Augenblick des Schuljahres, haben wir unser Pensum in Mengenlehre nachgeholt, als Reflexion dessen, was wir uns schon gemeinsam an praktischer Mathematik und Rechenkonventionen vertraut gemacht hatten.

Was aber, wenn man sich solche Eigenmächtigkeit nicht traut oder gar nicht den Spielraum dafür hat, weil man überwacht wird?

Heute weiß ich, was mein Alptraum zu bedeuten hatte: Mein Unterricht hatte tatsächlich keine Resonanz bei den Kindern. Sie taten zwar, antworteten und schrieben, was ich von ihnen verlangte, weil ich sie darauf hinführte und weil ich es wollte. Aber sie verstanden nicht, was sie taten. Was ich ihnen sagte und zeigte, löste die geplante Reaktion aus, aber es fand keinen Widerhall. Und dieser Widerhall fehlte mir, ohne daß ich es merkte. Erst im Traum stieg die Verzweiflung über sein Ausbleiben, über die Sinnlosigkeit meiner und der Kinder Anstrengung in mir auf.

Als ich den Kindern half, rechnen zu lernen, so wie sie sich das von der Schule erhofft hatten, entfaltete sich zwischen uns ein Dialog. Und ich konnte wieder ruhig schlafen.

ICH HOFFE, daß sich allmählich philosophische und psychologische Einsichten und Erkenntnisse ausbreiten, die ihr Entstehen der Auseinandersetzung mit der Realität und der ständigen Prüfung durch die Realität verdanken und die eine Sammlung von Kenntnissen gesetzmäßiger Zusammenhänge darstellen, die neu sich zu erarbeiten Aufgabe jeder neuen Generation von Erziehern zu sein hätte.

In der Naturwissenschaft zweifelt man am Erfaßthaben gesetzmäßiger Verhältnisse, wenn, trotz strenger Einhaltung der vorgeschriebenen Versuchsbedingungen, das erwartete Resultat nicht eintritt. Aber wenn man in der Psychologie und Pädagogik die aufgrund der betreffenden »Theorie« vorgeschriebenen Maßnahmen durchführt und dennoch die versprochenen Resultate nicht eintreten, wird die »Theorie« kaum bezweifelt. Wie viele »wissenschaftliche« Theorien, die sich widersprechen, existieren nebeneinander!

Auch die jungen Lehrer haben durch ihr vieles »Wissen« meist den Blick für das Entscheidende vernebelt bekommen, nämlich für das, was als lebendiges Leben ihnen entgegentritt.

Man kann pädagogische und psychologische Theorien gelernt haben, ohne gezwungen worden zu sein zu prüfen, ob die jungen Menschen, an denen sie praktiziert werden, wirklich auch entfaltet werden!

Heinrich Jacoby, Zürich 15. Februar 1945
›Jenseits von *Begabt* und *Unbegabt*‹

Alle müssen wollen – das klingt wie die Drohung einer Vergewaltigung oder die Verheißung eines Glücks.

Eine Verheißung ist es, wenn der Lehrer seine Schüler kennt und ihnen im Unterricht etwas zeigen oder geben, sie etwas entdecken oder sich erarbeiten lassen will, was ihnen etwas bedeuteten wird, und wenn die Schüler wissen, er hält, was er verspricht, und darum lohnt es sich, ihm zu folgen.

Wir verwechseln *Wollen* leicht mit der Bereitschaft, sich fernlenken zu lassen. Zum *Wollen* gehört auch das *Nicht-wollen* und das *Noch-nicht-wollen,* weil man nicht bereit ist, anzufangen und mitzutun.

Um etwas wirklich zu wollen, muß man sich entschieden haben, sich nun diesem einen zuzuwenden und alles andere, was auch möglich und schön wäre, zu lassen.

Zu wollen, wo man von vornherein weiß, daß man soll oder muß, das braucht Vertrauen zu dem, der bestimmt. Weil dieses Vertrauen so selten ist, ersetzen wir es durch die Forderung, zu folgen, weil das für die eigene Zukunft notwendig sei. Wer aber nicht begreift, wie das, was er heute tun soll, Zukünftiges bestimmt, nicht vertraut, und trotzdem folgt, tut das aus Schwäche und Feigheit. Dafür bekommt er gute Noten.

Von Zeit zu Zeit bin ich vom Verlauf eines Unterrichtstages enttäuscht, werde ungeduldig, sehe nur, was nicht klappt und verliere die Nerven. Dann schimpfe ich oder beklage mich bei der Klasse über die Kinder, die es mir so schwer gemacht haben, die rücksichtslos waren und nicht so mittaten, wie ich es erwartete.

Neulich hat Katharina sich gemeldet und gesagt: »Immer schiebst du es auf uns, wenn es mal nicht klappt.« Ich war sprachlos. Katharina hatte recht. Es hängt von meinem Gemütszustand, von meiner Gesundheit ab, ob mich etwas stört, ob ich mich an meine Erwartungen klammere oder in der Lage bin, unerwartete Ideen der Kinder aufzunehmen und ihnen im Rahmen des Notwendigen Raum zu geben. Vor allem aber liegt es in meiner Macht, festzulegen, was die Situation belastet. Es liegt in meiner Macht, zu übersehen, was einzelne oder alle Kinder hindert, sich ganz auf den Unterricht einzulassen, nicht darauf zu achten und danach zu fragen, mir selbst aber mildernde Umstände zu gewähren, wenn ich einmal nicht mit ganzer Kraft dabei bin.

Einmal haben wir darum eine Pinnwand eingerichtet, auf der jeder von uns morgens sein Namenskärtchen einem lachenden Gesicht (für gute Stimmung) oder einem Tränengesicht (für schlechte Stimmung) zuordnen konnte. Wer für sich schlechte Stimmung anzeigte, bat damit um Rücksicht und Schonung.

Es genügte, zwei Wochen lang durch die Tafel und das Umstecken der Kärtchen zu symbolisieren, daß es für uns alle zählt, wie jeder sich fühlt. Jetzt achten wir mehr aufeinander und jeder weiß, daß er das Recht hat, Rücksicht und liebevolle Zuwendung zu erbitten.

Unkraut und Disziplin

Unkraut ist Heilkraut, ein Mittel der Natur, ein durch Kulturfehler oder sonstwie gestörtes Gleichgewicht im Boden wiederherzustellen. Das ist ein Fazit dessen, was Alwin Seifert zum *Lob des Unkrauts* schreibt.

Kann man diese Idee auf die Schule übertragen? Auch dort ist, wie im Garten, ganz bestimmtes Leben erwünscht und anderes gilt als störend, soll nicht sein. Dann wären Disziplinstörungen ein Heilmittel, mit dem Kinder ihr seelisches Gleichgewicht zu retten versuchen. Sie deuteten auf etwas, was der Seele fehlt oder sie behindert. Dabei ist das Kind nicht nur als einzelnes, sondern als soziales Wesen zu sehen.

Fehlen kann ihm, was dem Selbst Halt und Nahrung geben sollte: Liebe und Aufmerksamkeit etwa. Fehlen kann aber auch die tragende Einbindung in die Gruppe, die Geborgenheit. Disziplinstörungen als Ausdruck eines Mangels also.

Sie können aber auch Ausdruck eines Überschusses an Kräften sein, wenn die Verpflichtung fehlt, für das Gemeinsame einzustehen und zu sorgen. Dann geraten die ungenutzten sozialen Kräfte ins Vagabundieren, schießen ins Kraut, machen dem Gewollten den Platz streitig. Auch das wäre Unkraut.

Einfacher ist diese Analogie: Wenn etwas wächst, was niemand gepflanzt hat, zeigt es an, von welcher Art der Boden ist, auf dem es sich entwickelt. Unkräuter sind Zeigerpflanzen. Ihre Zeit vergeht, sowie der Boden gesundet.

Es ist oft bitter, daß die Schule mit Störungen belastet wird, die die Kinder hereintragen, weil sie daheim nicht so versorgt sind, wie es nötig wäre. Das soll uns aber nicht hindern, die hausgemachten Bedingungen ernstzunehmen und zu beobachten, womöglich zu ändern. Oder auch einmal zu versuchen, unsere Schulunkräuter anders zu betrachten.

Vielleicht ist manche Brennessel darunter, die zwar lästig ist, aber wenn man sie einmal gelten läßt, sehr schön. Und außerdem nützlich und unverzichtbar als Wirtspflanze für Schmetterlinge.

Disziplinstörungen, Schwierigkeiten im alltäglichen Ablauf des Schullebens, Widerstände, Verdrossenheit deuten darauf, daß etwas nicht leben darf. Dann müssen wir dem einen Raum geben oder zumindest, wenn das nicht möglich ist, suchen, es mit den Notwendigkeiten zu versöhnen.

Der Verzicht auf Leben, daß sich ungebeten und unerwartet in der Schule meldet, muß begründet, muß wirklich notwendig sein, gerechtfertigt durch das Höherwertige, was nicht sein könnte, wenn man den Wildwuchs zuließe.

Christian und Jan sind albern. Sie stören das gemeinsame Gespräch, obwohl sie unser Thema interessiert. Die Albernheit ist stärker. Schließlich gebe ich ihnen eine *Strafaufgabe:* »Schreibt auf, was ihr über Albernheiten denkt, die guten und die schlechten Seiten.« Angenommen, wenn auch mit einer kleinen Grimasse. Am nächsten Tag sind wir uns einig, daß jeder manchmal albern ist, sich aber, wenn's darauf ankommt, selbst beherrschen muß.

JAN (8 Jahre alt)

Albernheiten in der Schule

Ich lache ja für mein Leben gerne, und wenn ich Morgens lache, lache ich am selben Tag wieder. Wenn ich einmal anfange zu lachen höre ich nicht so leicht auf, ich habe schon als Baby gelacht, ich bin halt ein lustiger Kerl! Wenn ich in der Schule lache, dann störe ich den Unterricht.

Dann steke ich die anderen Kinder an und nimand paßt auf.

Wir trafen uns – etwa 50 Lehrer und einige Schulräte – zu einer Tagung im Tutzinger Schloß, Thema: Kreativität und Kontrolle. Am ersten Abend trug ein kampferprobter Kollege, fast 50 Jahre alt und Rektor, seine Erfahrungen mit Schulräten vor, durchwegs schlechte Erfahrungen. Immer wieder habe ihn die Kontrolle durch den Schulrat in seiner pädagogischen Arbeit gehemmt. Er las uns die Gedanken einer Lehrerin vor, aufgeschrieben am Tag vor dem Besuch des Schulrates:

» Mit dem Schulrat im Nacken!
Ein Gefühl des Unbehagens überkommt mich, wenn ich daran denke, daß plötzlich dieser Mensch vor mir steht und mit ganz bestimmten, für mich aber unbekannten Erwartungen in die Klasse kommt.

Meine Schulpapiere sind in Ordnung. Die unterrichtliche Arbeit der vergangenen Schulmonate spiegelt sich in den Unterlagen der Schüler wider.

Und doch, ein Lehrer kann immer mehr arbeiten, als er tatsächlich arbeitet. Ein permanent schlechtes Gewissen hat man sowieso. Verstärkt wird dieses Gefühl der Unzulänglichkeit durch diesen Besuch. Kontrolle. Beurteilung. Schule bleibt eben Schule auch für den ›erwachsenen‹ Lehrer. «

Zwei Stunden lang häuften wir Beispiele auf, die zeigten: Kritik und Anweisung von Schulräten sind oft rohe Eingriffe, auch wo sie gut und hilfreich gemeint sind. Die Schulräte, die sich das alles stellvertretend für ihre Kollegen sagen lassen mußten, taten mir schließlich leid. Es konnte gar nicht sein, daß sie die Lehrer so einengen, gängeln, einschüchtern wollten, wie es doch offenbar gang und gäbe ist. Aber wieso merkten sie so wenig von ihrer Wirkung?

»Wir wollen in erster Linie raten«, sagten sie, »wenn wir sehen, daß ein Lehrer nicht zurechtkommt, daß er seine Arbeit besser, erfolgreicher machen könnte.« Und die Hoffnung tauchte auf, daß es mehr Beratung und offenere Ohren für die Ratschläge gäbe, wenn die Schulräte die Lehrer nicht mehr beurteilen, ihnen keine Noten geben müßten.

Nachher sprach mich eine Kollegin an, die vor mehr als zehn Jahren die Lehrerin meines Sohnes war. »Sie waren damals für mich schlimmer als der Schulrat«, sagte sie mir ins Gesicht. »Dauernd standen Sie bei mir vor der Tür und wollten mir zeigen, wie ich's machen sollte. Ich hab mich von Ihnen kontrolliert gefühlt.« Das war wie eine Ohrfeige. Ich konnte mich erst nach einer Weile erinnern, daß ich ihr wohl damals Arbeitsblätter für den Anfangsunterricht im Lesen brachte. Als Anregung! Ich kann mich nicht erinnern, je nachgeprüft zu haben, welchen Gebrauch sie von meinen Anregungen machte. Ich wollte helfen, weil ich glaubte, etwas geben zu können. Ich kann mich aber auch nicht erinnern, was ich denn von ihrem Unterricht bemerkt hätte. Wahrscheinlich hatte ich gar keinen rechten Blick dafür. Später, wir waren uns auf der Tagung nähergekommen, habe ich sie nochmal danach gefragt und sie hat mir geschrieben:

» Ich war damals im dritten Ausbildungsjahr. Zum ersten Mal in meinem Leben mußte ich Schulanfängern Lesen, Schreiben und Rechnen beibringen. Wegen der Prüfung saß mir ständig der Schulrat oder der Seminarleiter im Genick. Und fast jeden Dienstag (komisch, an den Tag erinnere ich mich genau) standest Du als Mutter und Erstunterrichtsspezialistin im Klassenzimmer. Es war ganz klar, daß ich Deinen

Erwartungen nicht entsprechen konnte. Ich hatte schließlich nur theoretische Vorkenntnisse, was Lesenlernen usw. anlangte. Deine Ratschläge empfand ich als Kritik. Du hast immer von Deiner Methode gesprochen, nie wahrgenommen, was bei mir schon ganz gut lief. Außerdem ist es demütigend, wenn man einfach übernimmt, was andere vorgeben. Ich wollte meinen eigenen Weg finden.«

Man braucht also nicht Schulrat zu sein, um als blinde, hemmende Kontrollinstanz empfunden zu werden!

Ein Lehrer muß den vielen verschiedenen Kindern einer Klasse gerecht werden, muß sie alle so gut wie möglich verstehen und sie unterstützen, sich das als notwendig Vorgeschriebene anzueignen und das Eigene zu entfalten. Das alles soll in liebevoller Gemeinschaft mit allen Kindern der Klasse geschehen. Der Lehrer muß empfindlich sein, um möglichst viel von den Kindern wahrzunehmen, aufzunehmen, auch wortlose Botschaften und verborgene Zeichen. Immer ist manches in der Schwebe, was er wohl schon ahnt, aber noch nicht versteht. Je mehr er von den Kindern weiß und fühlt, desto schmerzlicher spürt er auch die Notwendigkeit, einzuengen, zu regeln, zu versagen.

Und dann kommt jemand daher, der diese Kinder nicht kennt und von dem ganzen Gewebe von Austausch und Verbindlichkeit zwischen Lehrer und Kindern nichts ahnt, und will raten! Das ist bedrohlich, weil es den ganzen Antennenapparat, der im Zusammenleben mit den Kindern gewachsen ist, verwirren kann.

Kommt einer, der sehen und zuhören möchte, dem man von den Kindern und der Arbeit erzählt, vor dem man auch Unklarheit und Zweifel ausbreitet, dann klären und festigen sich die eigenen Wahrnehmungen. Dann mag man auch selbst entdecken, wo man weggeschaut und gepfuscht hat. Dann erkennt man die eigene Wirklichkeit besser und wird selbst besser wissen, was man zu tun hat, vielleicht sogar um Rat bitten.

Ein Schulrat oder sonst ein Beobachter, für den eine Show abgezogen wird, müßte eigentlich darunter leiden, weil ihm die Begegnung mit den Kindern, mit ihrem wahren Gesicht verweigert, weil die Wirklichkeit vor ihm verschleiert, weil ihm der Boden der Gemeinsamkeit entzogen wird.

Merkwürdig, daß so viele Schulräte sich diesen Betrug gefallen lassen, daß sie nicht darauf bestehen, in die Wirklichkeit der Klasse miteinbezogen zu werden, wenn sie zu Besuch sind. Dann kann der Lehrer mit seinen Kindern doch auch zeigen, was sie gelernt haben, und die Freude und den Stolz darüber mit dem Besucher teilen.

Auf jeden Fall kann ein Schulrat, dem man nicht offen begegnet, auch nicht wirksam und angemessen raten. Er muß sogar befürchten, mit jedem Ratschlag den Lehrer den Kindern und seinen eigenen Wahrnehmungen und Absichten noch mehr zu entfremden.

Und wenn den Schulräten am Wohl der Kinder gelegen ist, müssen sie sich auch immer sagen, daß ein Lehrer, der gedrückt wird, der sich nicht frei bewegen und entfalten kann, seine Kinder wahrscheinlich auch drücken und einzwängen wird.

Enttäuschte Hoffnung

Wochenlang vorher schon hört das Kind mit Spannung, was über seine künftige Schule geredet wird. Die Eltern erkundigen sich nach dem Ruf der Schule: Wie sind die Lehrer, streng, nett, alt, jung oder hübsch? Ist der Weg zur Schule nah oder wird einen der Papa mit dem Auto hinbringen müssen? Die älteren Geschwister klagen oder jammern über diese oder jene Lehrerin, Kinder aus dem Haus oder der Nachbarschaft geben ihren Senf dazu, manchmal prahlerisch, manchmal schwärmerisch, oft auch einschüchternd. Und manchmal spürt das Kind in diesen Wochen seltsam prüfende Blicke der Erwachsenen, hört sie sich fragen, ob es denn auch »reif« sei für die Schule, oder ob man »mit der Einschulung« besser doch noch ein Jahr warten solle.

In diesen Wochen vor Schulbeginn fühlen sich die Kinder oft in ein wirres Geflecht widersprüchlichster Berichte, Meinungen, Überlegungen, Ängste, Besorgnisse und Spekulationen verwickelt, in denen ihre ganz persönlichen Hoffnungen und phantastischen Erwartungen an die Schule weder Platz noch Aufmerksamkeit finden. Höchstens fragt man: »Freust du dich auf die Schule?« und ist erleichtert oder verwundert, darauf ein klares »Ja!« zu hören. Vielleicht sogar fragt einer weiter: »Warum?« und bekommt dann die schlichte Erklärung: »Weil ich dann da Lesen lerne und Rechnen.«

Die Anmeldung in der Schule, der erste Gang dorthin, muß für manche Kinder eine große Enttäuschung sein. Sie haben auf diesen Tag lange gewartet, haben sich schön angezogen, vielleicht sogar ein Bild gemalt zum Mitbringen und Herschenken – und dann geht es im wesentlichen um Formalitäten. Die Erwachsenen reden, der Name des Kindes wird aufgeschrieben und allerlei Daten dazu. Es versteht nicht recht, warum nach dem Kindergarten, den Geschwistern, den Berufen der Eltern, nach Impfungen und »besonderen Belastungen« gefragt wird. Zuletzt bekommen die Eltern mehrere Zettel in die Hand, die nur sie allein lesen können.

Die ganze Bereitschaft, sich anzuvertrauen, Freundschaft zu schließen, sich schon ein wenig niederzulassen in der Schule, findet nichts, woran sie sich festhalten kann. Man geht wieder heim, ist nun wohl angemeldet, aber nicht angekommen in der Schule. Darauf muß man weiter warten.

Ich glaube, man kann sich als Erwachsener kaum eine Vorstellung davon machen, welche Hoffnungen ein Kind an die Schule knüpfen mag. Aber wir sollten es versuchen, um das Ausmaß der Enttäuschungen ermessen, ihnen vielleicht zuvorkommen oder bei ihrer Bewältigung helfen zu können.

In der Schule ist eine Lehrerin für mich.
Sie erwartet mich.
Unter ihren Augen werde ich lernen.
Sie wird sehen, wie ich aufpasse
und allmählich Fortschritte mache.
Ich werde ihr Freude machen.
Sie wird neugierig sein, was ich schon kann.
Ich darf es ihr zeigen,
und dann mit all meinen Kräften
Aufgaben anpacken, die sie mir gibt.
Dann soll sie mal sehen, wie ich damit fertigwerde!

Diese Hoffnung muß sehr stark sein, sie überdauert viele Enttäuschungen. Es kann sein, daß die Lehrerin gar keine Zeit gehabt hat, sich innerlich auf die neue Klasse vorzubereiten, sie wirklich zu erwarten. Wer einmal miterlebt hat, wie die Verwaltung alle Entscheidungen über Schulzuweisungen und Klassenverteilung bis zum letzten Augenblick offenhält, wird sich hüten: Nur nicht voreilig sich den neuen Kindern zuwenden, etwas für sie vorbereiten, ihnen entgegensehen!

Jeder Lehrer weiß, wie weh es tun kann, eine Klasse abzugeben, kennt die Angst, sich nach den Ferienwochen wieder mit der ganzen Person auf die Erwartungen und Hoffnungen neuer Gesichter einzulassen, von denen er sich in berechenbarer Frist wieder wird trennen müssen. Es dauert oft Monate, bis Lehrer und Klasse miteinander warm geworden sind; manchmal wird erst in den Wochen der bevorstehenden Trennung deutlich, wie gut man sich versteht, sich wortlos verständigen kann und wie sehr man einander Freund geworden ist. – Dem Schmerz der Trennung folgt die Angst vor neuer Bindung, – in der Seelenkunde eine Binsenwahrheit: Haben Lehrer keine Seele, die pfleglicher Sorge bedarf?

Ein paar Wochen nach der Trennung stehen die neuen Kinder vor der Klasse und meinen, man hätte nur auf sie gewartet. Die Ablösung von der alten Klasse ist wirkliche Trauerarbeit. Pfuscht man dabei, überspielt man den Schmerz und die Angst, die die Trennung von soviel Freunden auf einmal mit sich bringt, betrügt man nicht bloß sich selbst und die Freunde um ein wirkliches Gefühl, – es ist auch ein Betrug und Verrat an den Neuen, denen man nicht so entgegen sehen kann, wie sie es brauchen und verdienen.

Der berechtigte Anspruch des einzelnen Kindes wird

immer schon eingeschränkt durch die Art und Weise, wie wir Lehrer über die Kinder reden oder denken: in der Mehrzahl – wenn wir nicht gleich von *der Klasse* reden. Die Kinder sprechen und denken aber jedes für sich in der Einzahl – bis sie *wir* sagen können in ihrer Klasse.

Jedes Kind möchte als ein besonderes Kind wahrgenommen und angenommen werden. Kein Lehrer ist imstande, alle Kinder gleichzeitig einzeln wahrzunehmen. Er muß sie enttäuschen.

Aber diese Enttäuschung ist eine wirkliche Notwendigkeit, sie kann aufgewogen werden durch die Geborgenheit in der großen Kindergruppe, im Zusammenleben mit dem Lehrer und anderen Kindern. Unnötig und ein Unrecht gegen die neuen Kinder ist es, wenn der Lehrer sich von früheren Kindern nicht wirklich getrennt hat, wenn er nicht bereit ist, sich von den neuen Kindern wieder ganz neu als Lehrer entdecken und zum Lehrer machen zu lassen, weil er noch zu sehr am Zusammenspiel mit früheren Schülern hängt.

Für die neuen Kinder kann das bedeuten, daß sie bei allem, was sie tun, auf eine unbegreifliche Weise an einem abwesenden Vorbild gemessen werden, das dieselbe Aufgabe schon besser gemacht hat, das niemals einzuholen sein wird. Es ist, als müßte man in die abgelegten Kleider größerer Geschwister schlüpfen, die man nicht einmal kennenlernt.

In der Schule habe ich mein eigenes Leben
fern von der Familie.
Es gibt dort ein Klassenzimmer,
in dem meine Eltern und Geschwister nur zu Gast sind,
ich aber gehöre dorthin.
Ich bekomme einen Ranzen, Hefte und Stifte.
All das ist mein Eigenes.

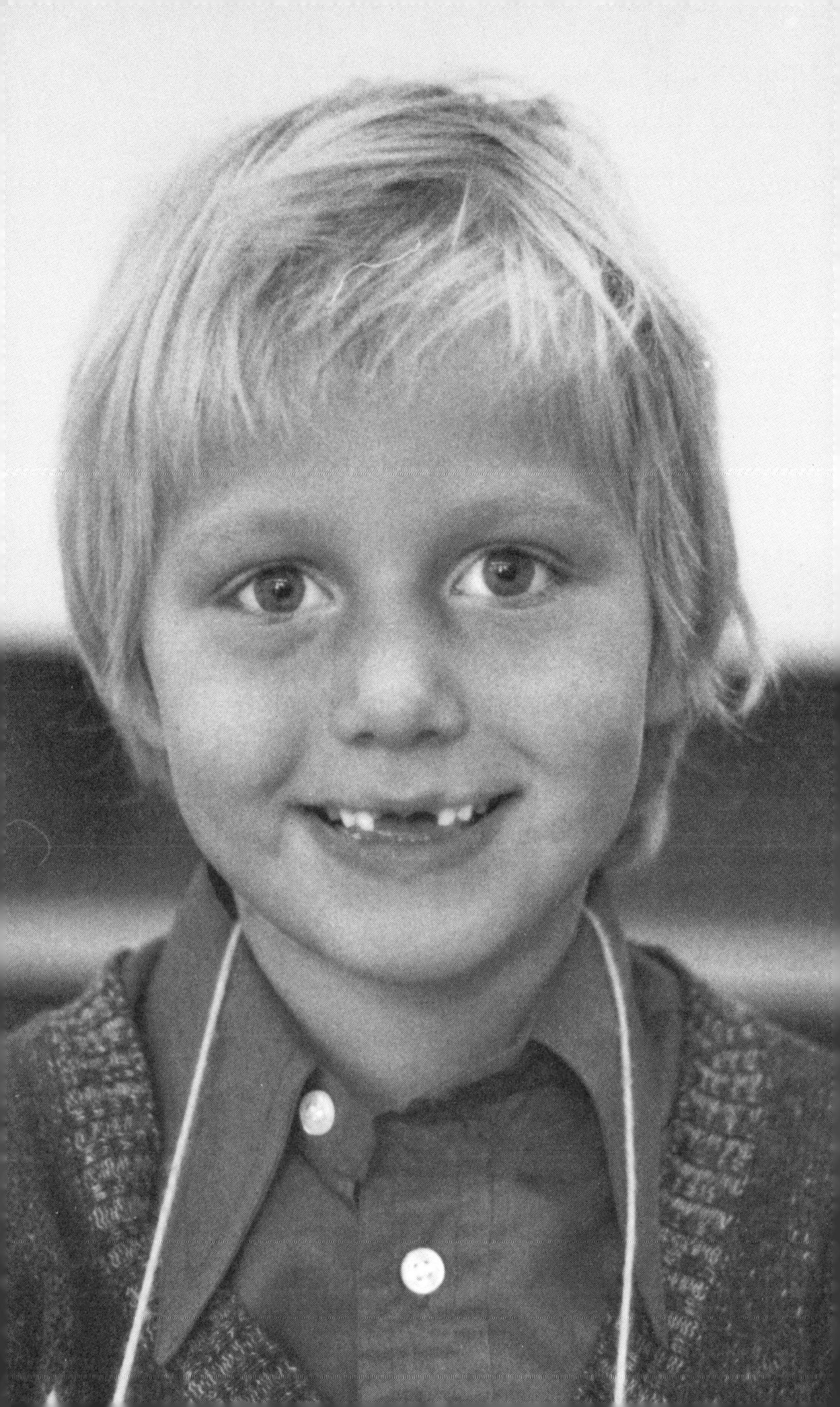

Enttäuschte Hoffnung

Wessen Raum aber ist das Klassenzimmer tatsächlich? Der Lehrer hängt Bilder auf, die ihm gefallen, und es ist sein Raum. Schaut er die Bilder mit den Kindern an, läßt sie an ihnen etwas lernen, teilt er die Bilder und den Raum mit ihnen.

Hängt er ihre Bilder auf, wird es noch etwas mehr ihr Raum. Sortiert er vorher einige Bilder aus, die ihm nicht schön genug sind, schließt er die Kinder aus, die sie gemalt haben.

Ist er morgens vor den Kindern im Klassenzimmer und begrüßt sie förmlich, wenn sie hereinkommen, ist es sein Raum. Sitzt er schon da, ist beschäftigt und begrüßt die Kinder nebenbei, wenn sie ihm begegnen, ist es schon wieder mehr auch ihr Raum.

Warten sie auf dem Gang auf den Lehrer und betreten nach ihm das Zimmer, dann ist es mehr seines, als wenn sie sich vordrängeln oder er sie vorläßt.

Laden die Kinder die Eltern in die Schule ein, um ihnen dort alles zu zeigen, dann sind sie eindeutig die Gastgeber, und die Klasse und alles, was drinnen ist samt dem Lehrer, gehört ihnen, im Überschwang vielleicht sogar die ganze Schule.

Und nun die Hefte, wem gehören sie?

Wenn ich als Kind mein Heft als etwas Eigenes empfinde, darf dann der Lehrer überhaupt ohne meine Erlaubnis hineinschreiben, gar etwas ausstreichen und verändern? Was ich geschrieben oder gezeichnet habe, das bin ich, das ist noch nicht ganz von mir getrennt. Erst wenn ich es aus der Hand gebe, gebe ich es auch preis. Und ich hoffe, daß der, dem ich es anvertraue, nicht roh damit umgeht.

Wir Lehrer sagen den Kindern, die Schulhefte seien *ihre* Hefte, sie seien dafür verantwortlich. Tatsächlich aber herrschen *wir* über die Hefte und in den Heften, bestimmen den Umschlag, das Etikett und die Form der Einträge bis hin zu dem Irrwitz, daß um jede Seite zunächst mit Lineal und Farbstift ein Rand gezogen werden muß.

Natürlich ist es sinnvoll, daß in den Heften Aufgaben bearbeitet und Fehler vermerkt werden, daß Hefte nach dem Willen des Lehrers ausgeteilt und eingesammelt werden. Wir müssen uns aber darüber klarwerden, daß die Hefte der Kinder ein Bereich des Übergangs vom Kind zum Lehrer, vom Lehrer zum Kind sind. Wir können sie als Ebene der Auseinandersetzung, des Gesprächs, der Übung und der Dokumentation des Erreichten und Erworbenen gemeinsam benutzen. Aber der Lehrer sollte sich dabei wie ein Gast benehmen, nicht wie der Herrscher und Besitzer aufführen.

Ein gern gesehener Gast zeichnet sich durch Takt, Respekt, Wohlwollen und Aufmerksamkeit aus. Er fremdelt nicht und spielt sich nicht auf. Er ist klar und erkennbar, spricht mir nicht nach dem Mund, sondern sagt deutlich, was er denkt. Er zeigt mir, wie ich es einrichten kann, daß er sich bei mir wohlfühlt. Jedem Lehrer werden hier Hefte einfallen, die von Fehlern und Schmiererei strotzen und nach seinem kraftvollen Eingreifen zu rufen scheinen. Vielleicht finden wir die richtige Haltung gegenüber solcher Unordnung, wenn wir sie als Ausdruck der gestörten Kommunikation zwischen Kind und Lehrer begreifen.

Wir können uns nicht ganz aus den Heften zurückziehen, aber wir müssen lernen, sie als das Eigene der Kinder zu respektieren und bei Begegnungen auf dieser Ebene aufmerksam und behutsam zu sein. Dazu gehörte etwa, daß wir die Kinder um ihre Einwilligung bitten, bevor wir dem Schulrat ihre Hefte vorlegen. Besser wäre, sie zeigten sie ihm selber.

Enttäuschte Hoffnung

Es ist sicher eine der Hoffnungen, die sich an die Schule knüpfen, daß dort genauer als in der Familie unterschieden werde, wo jeder seine Grenzen hat, wo auch ein Kind auf Respekt und Abstand pochen darf, wo es seinen Raum hat und welchen Raum es mit anderen teilt. In der Schule wäre es möglich, in der Nähe zu vielen anderen und im Austausch mit ihnen das Eigene zu entfalten und zu kräftigen. Klassenzimmer und Hefte sind Beispiele dafür, wie starre Vorschriften und Selbstherrlichkeit des Lehrers diese Entfaltung behindern.

Und diese Behinderung ist besonders böse, weil ein Kind sie nicht erkennen und schon gar nicht ihren Mechanismus durchschauen kann. Es spürt nur unklar, daß die Hoffnung auf das Eigene sich in der Schule nicht erfüllt und allmählich verkümmert, wenn sie sich nicht in Rebellion oder Verweigerung flüchtet.

In der Schule wird man mich erkennen und schätzen
als jemanden, der einmalig ist auf der Welt,
unverwechselbar.
Ich werde den anderen etwas sein, etwas geben,
was es ohne mich gar nicht gäbe.

Aber dann müssen alle Kinder in der Klasse immerzu dasselbe tun, dasselbe sehen, dasselbe zeigen, dasselbe abgeben. Nicht das Besondere zählt, das Einmalige, Unverwechselbare, sondern das Vorgeschriebene. Erst wenn das erledigt ist, darf das Unerwartete sich melden.

Welches unverstandene Elend spiegelt sich in den Fleißaufgaben, mit denen Kinder versuchen, ihrer Lehrerin zu zeigen, daß sie ganz besonderer Aufmerksamkeit wert sind, Fleißaufgaben, die nur noch einmal wiederholen, was die Lehrerin verlangt hat! Das ist es ja, das einzige, was sie schätzt, die Erfüllung ihrer Erwartungen.

In der Schule gibt es meine Lehrer,
einen Rektor,
ein ganzes Haus voller Erwachsener,
denen daran gelegen ist, daß ich etwas lerne.

Und dann kommt Steffi eines Tages in die Schule, ein fremder Erwachsener empfängt ihn und erklärt: Euer Lehrer ist krank. Womöglich wird er sogar ein paar Tage lang nicht kommen. – Sie werden aufgeteilt, er kommt zur blöden Soundso nebenan, und die andern kommen zu einer, von der sie nicht mal den Namen kennen. Sie stellt sich auch nicht vor; hat sie ja nicht nötig, weil sie die Lehrerin von ihrer eigenen Klasse ist, und die fremden Kinder machen ihr nur Schwierigkeiten, weil sie nicht still sind. Die ohne Namen ist aber doch netter als die von nebenan, da haben sie sogar mit den andern kochen dürfen und Rote Grütze gelernt. Bei Steffi muß man immer nur still sitzen und sie sollen sich melden, aber sie nimmt ihn nicht dran, und sie schreibt auch ganz anders an die Tafel. – Turnen fällt heute aus, leider. Wenigstens kommt Steffi früher heim. Und die Mammi sagt: Wieso bistn du schon da?! Natürlich ist das Essen auch noch nicht fertig.

Morgen, also am nächsten Tag, kommt gleich in der Frühe ein ganz Neuer, eigentlich, sagt er, hätte er Turnen in der 7c, aber die turnt mit der 7d, das ist ganz praktisch, und dann fängt er auf einmal an zu beten, was sie sonst nur ganz manchmal machen und haut Steffi eine runter, weil er grinst, weil der Thomas auch gegrinst hat. Beim Beten grinst bei ihm keiner, damit der Fall klar ist. –

Steffis Geschichte ist nicht erfunden, ein Erwachsener erinnert sich so an seine Schulzeit, die zwei Jahre lang geprägt war von der Kränklichkeit der Klassenlehrerin. Zwei Jahre lang hat Steffi kein Zuhause gehabt in der Schule, ist herumgestoßen worden. Wenn er heute davon erzählt, klingt es komisch, aber nur bei oberflächlichem Zuhören.

Wie scheußlich und wie absurd es für die Kinder ist, in der Schule plötzlich nicht mehr richtig versorgt zu sein, weil der Klassenlehrer fehlt, habe ich an meiner Tochter am deutlichsten erlebt. Tagelang hat sie nur von Überraschungen, Albernheiten und Hausaufgabenfrei erzählt. Dann kam sie mit ganz roten Backen heim und bestürmte mich gleich an der Haustür: »Weißt du, Mami, die Garima und ich, wir haben uns überlegt, du hast doch so viele Freundinnen, die auch Lehrerin sind. Und manche arbeiten doch nicht, also die sind zu Hause. Und die würden doch bestimmt gerne kommen und bei uns aushelfen, bis unsere Lehrerin wiederkommt! Die ist noch länger weg, hat heute einer gesagt. Ist doch 'ne tolle Idee, oder?«

In der Schule werde ich mir alles aneignen,
was die Großen schon wissen und können.
Jetzt kann man mir nichts mehr vorenthalten,
weil ich noch zu klein wäre.

Aber dann gibt es nur Häppchen, tritt man auf der Stelle, darf nicht ausgreifen und voranstürmen und lernen, lernen. Man muß abwarten, was der Lehrer für angemessen hält, muß längst Begriffenes wiederkäuen. Und der Zusammenhang der Lernhäppchen mit Können und Wissen der Großen ist selten zu erkennen.

Sicher gibt es Begabungsunterschiede. Aber wenn ein Kind im Mathematikunterricht am Ende nicht mitkommt, muß das nicht heißen, daß es dafür nicht begabt genug ist. Als ich das erstemal während meiner Ausbildung in einer Sonderschule war, habe ich in der Pause auf dem Schulhof von den Lehrern von solch einem Kind gehört, das nicht rechnen konnte.

Der Junge stammte aus einfachen und bedrängten Verhältnissen; in der Grundschule erwies er sich als so schwacher Rechner, daß nicht einmal die Familie der Einweisung in die Sonderschule widersprechen mochte. Jetzt ist er neun Jahre alt, und den Lehrern fällt auf, daß er immer so gut angezogen ist, neue Sachen trägt, die nicht zum Einkommen der Eltern passen. Sie fragen nach und entdecken: Der Junge hat eine Kaninchenzucht angefangen und betreibt ganz selbständig einen Handel mit jungen Kaninchen, Fleisch und Fellen rings im Landkreis. Damit verdient er so gut, daß er sich fein herausputzen kann. In der Schule ist er nach wie vor vollkommen unfähig im Rechnen.

Ein sicherlich vertrackter Fall. Aber irgendeine Instanz im Hirn des Neunjährigen muß ja doch wohl bilanzieren: Futterkosten, Heu, Errichtung und Instandhaltung der Ställe, sprich Drahtgitter, Holz, Nägel, Dauer der Aufzucht usw. gegen spekulierte und tatsächlich auf dem Markt erzielte Erlöse. Und es bleibt genug übrig, sich einen schicken Rollkragen-Pulli anzuschaffen oder ein Paar schwarze Schuhe. Natürlich tauscht er nicht bloß, er berechnet den Tauschwert seiner Produktion. Wer oder was hindert ihn, diese Fähigkeit in den Mathematik-Unterricht zu integrieren?

In der Schule werde ich lesen lernen.
Das ist eine Kunst,
die mir den Zugang zu Büchern eröffnet,
die anders reden, als man es alle Tage tut,
bedeutungsschwer und geheimnisvoll.
Ich werde von wunderbaren Dingen lesen,
wunderbarer als alles, was ich bisher kenne.
Ich werde lesen, nicht nur so tun, als ob.
Lesen zu lernen wird nicht leicht sein
und es wird einige Zeit dauern,
aber ich werde mich anstrengen
und nicht müde werden.
Bald werde ich es können.

Enttäuschte Hoffnung

Die Fibel ist für uns als Kinder das erste *richtige* Buch. Wie tief es uns beeindrucken kann, erfahren wir, wenn uns plötzlich nach vielen Jahren die längst vergessen geglaubte eigene Fibel wieder unter die Augen kommt, vielleicht auch nur eine Seite daraus. Ein Bild, wenige Worte, vielleicht nur einzelne Buchstaben und Silben – und man steckt wieder in den Kinderschuhen, steht erwartungsvoll am Anfang von etwas Großartigem.

Was gab es aber auch schon für liebevoll gezeichnete, übersichtlich geordnete Fibeln! Bücher mit Gesicht und Charakter, die sich dem Kind freundlich öffneten, nicht anbiederten.

Eine gute Fibel zu machen, ist nicht leicht. Es braucht Liebe zu Kindern, Respekt vor ihren Interessen, Phantasie und Geschmack, und Zeit, sehr viel Zeit, für den Autor, Grafiker, Lektor und Hersteller. Hat man das und dazu die Freiheit, sich etwas einfallen zu lassen unabhängig vom Methodenstreit der Erstlesedidaktiker, von der Schreibtischweisheit der Bewilligungsausschüsse und der Angst der Vertriebsabteilung des Verlages, die Lehrer könnten etwas Ungewohntes nicht als gut erkennen – dann kann man auch heute noch eine gute Fibel machen. Wenn man diese Freiheit hat, dann kann eine Fibel reifen und ein Buch werden, mit dem Kinder erleben, was Bücher einem Menschen bedeuten können.

Man frage Autoren, Grafiker, Lektoren und Hersteller, unter welchem Druck, in welcher Eile sie ihre Fibeln heute auf den Markt bringen müssen, und man wird sich nicht wundern, warum immer mehr Lehrer sich entscheiden, ohne Fibel zu unterrichten.

Eine Freundin, Christiane, erzählte mir von ihrer kleinen Schwester, die gerade in die Schule gekommen war. Die Kleine sollte als Hausaufgabe lesen üben. Achtmal stand da *Ich gehe in die Schule* in der Fibel. Achtmal las sie: »Ich gehe zur Schule.« Die große Schwester wußte nicht, ob sie eingreifen, berichtigen sollte. Würde das Friederike, die so dringend lesen lernen wollte, entmutigen? Würde die Lehrerin ihr, falls sie drankäme, ihre Leseweise ohne einen Tadel abnehmen? Friederike war gewohnt, von sich zu sagen: »Ich gehe zur Schule.« Nie sagte sie: »Ich gehe in die Schule!« Sie sollte sich in den Kindern auf dem Bild wiederfinden. Könnte sie eine Berichtigung überhaupt verstehen? Sie müßte sie annehmen. Aber sie hätte dann die erste Hausaufgabe falsch gemacht, ohne den Fehler wirklich einsehen und verstehen zu können.

Was für ein Unsinn, ein Kind, das Lesen lernen will, das zu jeder Anstrengung entschlossen ist, um es wirklich richtig zu lernen, in der Schule zu veranlassen, so zu tun, als läse es! Selbst wenn man ihm dann sagen kann, es habe alles richtig gemacht, weiß es nicht, warum das so ist. Es hat nur etwas nachgeplappert.

Als ich mir dann das Fibelbild angeschaut habe, war ich vollends erschüttert. Soviel Plattheit und Häßlichkeit am Leseanfang! Darin soll ein Kind sich wiederfinden? Das soll seinen Begriff von Büchern prägen? Bei soviel auf zwei Seiten zusammengeballter Lieblosigkeit wundert es einen schließlich auch nicht mehr, daß da ein Türkenjunge mit einem Fez mitgeht. Wer von uns Erwachsenen hat eigentlich schon mal einen Türken mit Fez rumlaufen sehen? Wahrscheinlich müßte man selbst einem türkischen Schulkind erst mal erklären, wer da mit dem komischen Hut identifiziert werden soll.

Jch gehe in die Schule.
FERNSEHEN
Jch gehe in die Schule.
Jch gehe in die Schule.

Jch gehe in die Schule.
Jch gehe in die Schule.
SCHULE
Jch gehe in die Schule.
Jch gehe in die Schule.
Jch gehe in die Schule.

Warum ist so ein Buch zum Gebrauch in Schulen zugelassen? Wie versteht man im Kultusministerium den eigenen Auftrag gegenüber Schulanfängern? Warum entscheiden Lehrer sich dafür, mit so einem Buch zu unterrichten?

Die Bilder sind häßlich. Die Methode ist dumm – weil die Kinder lange nicht so dumm sind, wie die Methode behauptet! Wörter und Texte sind meist banal. Und die Schrift ist kalt und abweisend.

Fibeln zu lesen macht mich traurig und müde, weil sie so wenig wissen von den Hoffnungen, mit denen Sechsjährige sich ans Lesenlernen machen. Kinder, die ein Gedicht von Eichendorff gerne und leicht auswendig lernen und mit Verstand und Liebe sprechen:

Schläft ein Lied in allen Dingen,
die da träumen fort und fort,
und die Welt hebt an zu singen,
triffst du nur das Zauberwort.

Joseph Freiherr von Eichendorff

Für die Adventszeit haben wir uns in der zweiten Klasse einen Plan gemacht: Jeden Tag bereiten zwei Kinder für die Klasse eine Überraschung vor. Robert und Katharina sind dran; sie haben etwas einstudiert. Robert wird auf der Geige ein Lied spielen, Katharina wird dazu singen.

Die beiden stellen sich vorne auf, die andern Kinder sitzen mit mir am Boden davor. Robert hebt seine Geige ans Kinn, es wird still. Dann wippt er mit seinem rechten Fuß, der fest in einem schwarzen Schläppchen steckt, den Takt und fängt an zu spielen. Katharina singt, die Augen unverwandt auf Robert gerichtet. Ernst und gesammelt tun sie das, in den Augen und um die Mundwinkel ein kleines Lächeln. Großer Beifall, als ihr Lied zu Ende ist. »Zugabe!« »Dann brauche ich meine Noten«, sagt Robert. Oli huscht zum Geigenkasten, holt die Noten, bringt sie zu Robert und bleibt gleich neben ihm stehen, um sie ihm zu halten.

Beim nächsten Lied stehen nun drei Kinder vorn, die ich seit mehr als einem Jahr kenne, die ich viele Vormittage lang bei unzähligen Aufgaben erlebt habe. Aber so, wie sie jetzt dastehen, wie Robert geigt, Katharina singt, Oli die Noten hält, sorgsam den richtigen Abstand, die richtige Höhe, die richtige Neigung des Notenblattes suchend – so gesammelt, so reif habe ich die drei noch nie gesehen.

Wie sie da stehen und uns ihre Musik schenken, ist mir, als sähe ich sie zum erstenmal, wie sie wirklich sind. Allen gefällt das Geschenk. Aber in meine Freude mischt sich Wehmut. Ich beginne zu begreifen, wie sehr die Kinder im Alltagsunterricht behindert sind, wie selten da Raum ist für eine so reife, selbstsichere Haltung, weil die Erwachsenen ihre Entfaltung einengen mit Erwartungen, Vorurteilen und Plänen.

Wir führen den Eltern eine Turnstunde vor, damit sie sehen, wie verschieden all diese Erstkläßler sich bewegen. Und natürlich, damit sie ihr eigenes Kind bewundern können, wenn es durch die Turnhalle flitzt. Gegen Ende versuchen die Kinder abwechselnd, einen Ball in eins der hohen Ziele vom Korbballspiel zu werfen. Wir haben geübt, das Ziel anzuschauen, ganz ruhig, und im Wurf den Ball hineinzudenken. Das klappt manchmal wunderbar.

Hermann ist an der Reihe und weiß nicht, wie er stehen, den Ball halten, sich bewegen soll. Vater und Mutter stehen vier Schritte entfernt und versuchen gleichzeitig, ihn mit Ratschlägen fernzulenken. Er packt es nicht! Dann sind die Eltern dran mit Werfen. Hermanns Vater gelingt es nicht, den Ball in den Korb zu bekommen. Seiner Mutter auch nicht. Ich schaue ihnen zu und bin ziemlich schadenfroh.

Der Unterricht ist gestört. Ich bin hereingekommen, um die sehr viel ältere Kollegin um eine Karte zu bitten, die sie in ihrem Zimmer aufbewahrt.

Die Kollegin hat die Klasse im Auge, während sie mit mir spricht und unterbricht sich plötzlich: »Susi, setz dich ordentlich hin!« Susi ist in ihr Buch vertieft, hat in Gedanken versunken ein Bein hochgezogen und unter sich geschlagen. Sie versteht nicht, was sie soll, schaut uns verträumt an. Da wird sie angezischt: »Setz dich richtig hin!« Sie versteht offensichtlich immer noch nicht, was sie falsch gemacht, womit sie den scharfen Ton ausgelöst hat. Aber wie ein Automat setzt sie sich ordentlich hin, beide Füße am Boden nebeneinander, Augen nach vorn.

Thomas – zweimal habe ich einen Thomas in meiner ersten Klasse gehabt. Beide haben mich etwas gelehrt, was mich hindert, das Reden über »Begabung« ernst zu nehmen.

Der erste Thomas kam in die Dorfschule zu mir, groß, schmal, blaß, mit dunklen, tiefliegenden Augen. Er sagte nichts, wochenlang. Wenn wir miteinander sangen, blieb sein Mund geschlossen. Wenn alle in die Hände klatschten, hingen seine Arme leblos am Körper herab. Wenn alle ein frisches Blatt vor sich hatten und drauflos zeichneten, saß Thomas da wie im Krampf und rührte sich nicht. Einmal stand ich hinter ihm und spürte, wie das weiße Blatt ihn anschrie. Da habe ich seine Hand geführt und mit ihm einen Strich auf das Blatt gemacht. Das Blatt war endlich still. Thomas fing an zu zeichnen.

Dann kam er eines Tages zu mir an den Schreibtisch und erzählte: »Gestern bin ich mit dem Traktor im Feld steckengeblieben, weil es so matschig war. Da hab ich den Unimog geholt und den Traktor wieder rausgezogen.« Nichts davon hätte ich ihm zugetraut, den Traktor mit seinen zehn Gängen nicht, den Unimog nicht, das ganze mühsame Manöver auf dem Feld nicht, zuletzt nicht die Fähigkeit, in so langen, verständlichen Sätzen zu sprechen.

Der Junge war nicht unbegabt. Er war auch nicht nur praktisch begabt. Er war von klein auf von den Eltern auf dem Hof festgehalten worden. Es gab keine andern Kinder, nur Arbeit, Arbeit, sobald er helfen konnte. Und die Schule war wie ein fremdes Land.

Ich habe Thomas nicht die Liebe, Geduld, Aufmerksamkeit und Freude geben können, die er brauchte. Ich bin ihm fast alles schuldig geblieben, weil ich zu jung war, zu sehr mit der Perfektionierung meiner Didaktik beschäftigt, verliebt in die wachen Kinder, die mein Spiel mitspielten. Und dann wurde ich krank, mußte umziehen. Die Klasse wurde irgendwie versorgt, bis ein neuer Lehrer kam. Ich habe diesen Thomas alleingelassen. Aber er steht hinter mir, wenn mir auffällt, daß ein Kind sehr fremd ist in der Schule.

Der zweite Thomas kam in der Stadt in meine Klasse. Er war auf dem Dorf zur Schule gegangen, hatte die erste Klasse nicht geschafft und sollte sie nun wiederholen. Unter all den andern aufgeweckten, beweglichen Kindern wirkte er plump und stumpf. Nach ein paar Wochen kam sein Vater in die Sprechstunde und sagte: »Wenn mein Sohn arm im Geiste ist und in die Sonderschule muß, lege ich Ihnen keinen Stein in den Weg.« Das traf mich. Thomas sah wie der geborene Sonderschüler aus. Aber ich hatte es unter der stumpfen Maske schon ein paarmal blitzen sehen. Davon erzählte ich seinem Vater und riet, abzuwarten. Dann erfuhr ich, daß in Thomas erster Klasse 54 Kinder saßen und erst am Schluß bemerkt wurde, daß er nicht lesen gelernt hatte.

Zwei Jahre war Thomas in meiner Klasse, allmählich blätterte die stumpfe Maske ab. Eines Montags schrieb er eine Geschichte:

> Gestern habe ich mit meinem Papa
> Schiffe gebastelt.
> Dann haben wir sie schwimmen lassen.
> Da sind alle untergegangen.

Er las sie uns vor und lächelte breit. Eine wunderbare Geschichte, kein Wort zu wenig oder zu viel. Jeder in der

Klasse konnte sich vorstellen, wie das gewesen war am Sonntag. Und ich hatte gelernt, welche Kraft die schlichte Erzählweise der Kinder haben kann.

Als Thomas nicht mehr bei mir war, verlor ich ihn aus den Augen. Drei Jahre später rief mich seine Mutter an: »Thomas hat heute sein erstes Zeugnis vom Gymnasium heimgebracht. Ich hab mir gedacht, das freut Sie!«

Dann hab ich ihn ein paarmal wiedergesehen. Nach der Schule gefragt, sagte er immer: »Ich bin halt langsam, sonst geht's.« Er war mit dabei, wenn ich mit vier, fünf Kindern über ein Gedicht sprechen wollte, um anschließend aus der Tonaufzeichnung eine kurze Sendung für den Schulfunk zusammenzuschneiden. Thomas war immer wortkarg. Aber wenn ich dann das Tonband abhörte, waren seine wenigen Sätze die klarsten und wichtigsten des ganzen Gesprächs. Jeder enthielt einen Gedanken. Der Übereifer derer, die die Diskussion voranzutreiben schienen, flatterte bei genauerem Zuhören immer nur an der Oberfläche herum. Ich habe von Thomas gelernt, daß es Menschen gibt, die erst reden, wenn sie auch etwas zu sagen haben, und daß sie in der Schule im allgemeinen zu langsam sind.

Ein guter Lehrer spürt, welche verborgenen Möglichkeiten in einem Menschen schlummern und kann sie wachrufen. Er erkennt das im Kind Verborgene an der Resonanz, die es in ihm selbst findet.

Wenn er Glück hat, erhascht er einen Augenblick, in dem sich der Vorhang, mit dem verstörte Kinder ihr Inneres schützen, öffnet und ihm den Reichtum zeigt, der hinter dem Vorhang wartet.

Wir wünschen oft, daß das Kind den Vorhang mit aller Kraft aufreißt. Wir zerren selbst an den Schnüren. Aber meistens ist das vergeblich. Einem Menschen, der seine Möglichkeiten verschlossen hält, fehlt das Vertrauen in die eigenen Kräfte und das Vertrauen in die Liebe und Aufmerksamkeit der anderen. Es fehlt ihm der Mut, sein Eigenes, wenn es in der Entfaltung noch zart und empfindlich ist, der Roheit oder Gleichgültigkeit der anderen auszusetzen.

Aber immer wieder öffnet sich der Vorhang einen Spalt breit, etwas blitzt heraus und will bemerkt sein.

Erika war Praktikantin in meiner Klasse. Sie war herzlich mit den Kindern, wollte alles über sie wissen, hörte ihnen zu und sah viel. Dann mußte sie an eine andere Schule gehen. Schließlich hatte sie ihr zweites Examen geschafft. Zufällig sprach ich sie am Telefon, bevor sie sich bei dem Schulrat vorstellen sollte, in dessen Bezirk sie ihre erste Stelle bekommen hatte. Sie sagte mir seinen Namen und ich bemerkte, ich kenne ihn. Da kam von ihr fast atemlos die Frage: »Wie muß ich bei dem sein?« Sie hätte fragen können: »Was ist das für ein Mensch?«, »Was erwartet mich da?« oder »Was hast du für Erfahrungen mit ihm gemacht?« Darauf hätte ich antworten können. Die verzweifelte Anpassungsbereitschaft in ihrer Frage machte mich sprachlos.

ERBANLAGE IST IN DER HAUPTSACHE die dem Individuum innewohnende Tendenz, von sich aus zu wachsen, sich zu integrieren, auf Objekte zu beziehen und zu reifen.

D. W. Winnicott

Eine strickende Mutter! Ihrer Hände Arbeit diebisch, maschinell, verrückt. Der erste Ärmel eines grauen Pullovers wächst ihr aus dem Schoß. Wie die Ameise in der Fabel sorgt sie für den Winter vor. Neben ihr döst der Sohn, ein aufgedunsener Junge. Sein Alter ist unkenntlich gemacht, er ist mongoloid. Nach einer Weile beginnt er sich zu bewegen, es ruckt im Urphlegma. Eine Beobachtung macht ihm zu schaffen. Es ist die Giraffe in ihrem Gehege, und er sagt auch »Giraffe«. Dazu schüttelt er den Kopf, wie es Erwachsene tun, wenn sie auf etwas Unerhörtes oder Ungehöriges reagieren; aber die Gebärde wirkt seltsam manieriert, männlich erfahren und frisch erworben zugleich. Ja, sagt seine Mutter, ohne von ihrer Strickarbeit aufzublicken, das ist eine Giraffe. Nun schüttelt er heftiger den Kopf und sagt zweimal schnaubend »Giraffe … Giraffe!« Er müht sich nämlich mit allen Kräften, etwas hervorzubringen, das weit über die blöde Identifizierung der Giraffe als Giraffe hinausreichen soll. Auf ihrem schmalen Kopf, zwischen den Ohren, hat die Giraffe eine Taube niedersitzen lassen und verscheucht sie nicht. Die Erscheinung könnte auch der Mutter ein kleines Staunen abgewinnen … Sie sieht aber nicht hin und sagt noch einmal: »Ja, das ist eine Giraffe, Herbert. Die Giraffe ist das höchste Tier auf Erden.« Der Behinderte nickt. Nun sagt er nichts mehr. Fehlschlag der Begeisterung. Kurz vor dem Sinn, vor der gesprochenen Freude muß er aufgeben und sinkt zurück in die Veranlagung. Eine Taube im Schraubstock. Der Kopf ruht wieder schief und teilnahmslos auf der Banklehne.

Botho Strauß ›Die Widmung‹

Verlangt ist, daß mit dem Lineal unterstrichen werde. Bei Simon entdecke ich eine krumme Linie und mahne: »Warum denn nicht mit dem Lineal, Simon?« Er, gelassen: »Das sieht so schöner aus, so schlängelig.« Ich muß zugeben, daß es keine krumme Linie ist. Es ist wirklich eine schöne schlängelige.

Wir haben versucht, zusammengesetzte Namenwörter zu erklären: *Schmusetier ist ein Tier zum Schmusen. Zipfelmütze ist eine Mütze mit einem Zipfel. Brotmesser ist ein Messer, mit dem man Brot schneidet.* Als ich befriedigt feststelle, daß ihnen die Übung gefalle, erklärt Kirja: »Das ist so belehrend, wenn man darüber nachdenkt. Nein: belernend!« Und niemand widerspricht ihm, mäkelt an seinem Wort herum, alle sinnen ihm ein Weilchen nach. Kirja hat ja recht.

Richard war der Kleinste in der Klasse, wenn auch stämmig und energisch. In den ersten Tagen in der Schule war er stumm und brachte kaum etwas zu Papier. In der zweiten Woche hatte er einen Hut seines Vaters auf dem Kopf, als er kam. Er legte ihn sorgfältig oben in den Garderobenschrank. Nach der Schule setzte er ihn wieder auf und ging heim. Die andern Kinder kicherten über ihn. Er ließ sich nicht beirren. Als einer seinen Hut aufprobieren wollte, erlaubte er es nicht. Zwei Wochen lang kam er mit Hut. Nie durfte ein anderer ihn aufsetzen. Er hat dann bald auch gemalt, dichte Bilder voller Einzelheiten, die ihm niemand zugetraut hatte, vor allem die eigenen Eltern nicht. Er malte, als täte er's schon jahrelang. In der Schule fing er damit an.

12.2.84 1

Liebe Ute!

Schon lange hatte ich vor, Dir den Bericht über diesen Vorfall mit der Mütze zu schicken, bin aber immer wieder nicht dazugekommen. Ja also, dieser kleine, zierliche Junge, der da in einer meiner 1. Klassen war, fiel mir bald durch seine eigenartige verträumte, völlig in sich gekehrte Ab – oder Anwesenheit auf, denn ich merkte bald, daß er alles aufs genaueste mitbekam und darüber hinaus sich viele Gedanken machte. Er grenzte sich mit großer Eigenwilligkeit von den anderen Kindern ab, war aber trotzdem beliebt und wurde mit etwas zurückhaltendem Wohlwollen (von den anderen Kindern) behandelt. Er lachte bei den Späßen der Kinder, machte aber niemals mit und geriet aus der Fassung, wenn er bei einem beliebten Schabernack, nämlich den anderen die Mütze abzuzupfen, mit einbezogen wurde. Bald wurde mir klar, die Mütze hatte bei ihm, außer der ihr eigenen, eine besondere Funktion. Er nahm sie auch mit in die Schulstube und trennte sich nie von ihr. Nun trug es sich einmal in der Pause zu, daß bei einem temperamentvollen Fangspiel dieser Knabe einen Lehrer anrempelte, ohne es überhaupt selbst wahrzunehmen, worauf der Lehrer wütend wurde und dem davoneilenden Kinde die Mütze vom Kopf zog. Entsetzt griff sich dieser mit beiden Händen an den Kopf, blieb wie angewurzelt stehen, um sich im nächsten Augenblick gegen den Lehrer zu stürzen und weinend und schreiend, mit den Fäusten auf ihn einschlagend so seine Mütze wiederzuerlangen suchte — vergebens — sie wurde ihm nicht zurückgegeben – der Knabe solle Abbitte tun, sich entschuldigen, dann würde er sie bekommen. Ich hatte alle Mühe den verzweifelten Buben zu beruhigen, brachte die aufgescheuchten Kinder in die Klasse, gab ihnen Arbeitsanweisungen und ging dann zu dem Lehrer hinauf, um die Mütze zu holen. Ich hielt dem Lehrer vor Augen, wie ihm zu Mute wäre, wenn ihm in der Stadt irgendein Passant den Hut vom Kopf risse und mit diesem wegginge – erhielt jedoch kein Verständnis, konnte ihm auch die Kränkung des Knaben nicht erfahrbar machen und erhielt auch die Mütze nicht zurück – sie wurde Tage später durch ein Mädchen seiner Klasse an mich abgegeben – kommentarlos – selbiger Lehrer war mir Monate lang ob dieses Vorfalles beleidigt und das ohnehin

schlechte Verhältnis würde noch schlechter. –
Ich muß Dir gestehen, daß ich bis jetzt
nichts unternommen habe diesem Lehrer
dieses Ereignis nochmal lebendig werden
zu lassen und daß ich auch glaube, daß
es keinen Sinn hat.
Übrigens freue ich mich schon sehr auf
unser nächstes Treffen – ich denke
oft an Dich –

mit lieben Grüßen
Deine Maria

Nach dieser Sündflut
möchte ich die Taube,
und nichts als die Taube,
noch einmal gerettet sehen.

Ich ginge ja unter in diesem Meer!
flög sie nicht aus,
brächte sie nicht
in letzter Stunde das Blatt –

Ingeborg Bachmann

Textaufgaben sind für viele Kinder eine Quälerei. Manche erledigen sie brav bis lustlos. Wenige haben Freude daran. Andere behaupten später, jede Textaufgabe endete, ganz gleich, wovon vorher die Rede war, mit der Frage: »Wie alt ist der Kapitän?« – Man hat bei Textaufgaben leicht das Gefühl, sich mit etwas beschäftigen zu müssen, was absurd ist. Und dieses Gefühl hat verschiedene Quellen.

Es kann sein, daß der Lebenszusammenhang, aus dem die Aufgabe stammt, dem Kind fremd ist und auch nicht erklärt wird. Ist es denn nicht wichtig, daß es sich auskennt?

Es kann sein, daß das ›Gegebene‹, die Daten, aus denen etwas errechnet werden soll, in einer Reihenfolge genannt werden, die verwirrt. Dann muß das Kind als Nichtfachmann Informationen ordnen, bevor es mit dem Rechnen beginnen kann. Dem Fachmann, dem das Problem – wenn es für ihn überhaupt so eines gibt – im wirklichen Leben begegnet, erschließt es sich viel selbstverständlicher, weil die einzelnen Daten nicht alle auf einmal vor ihm stehen, nie so dicht gepackt sind wie in der Textaufgabe. Und sie begegnen ihm nacheinander so geordnet, wie das Problem sich praktisch aufbaut.

Es kann auch sein, daß die Aufgabe zu wenig Fleisch hat, daß sie zu dürr ist und man sich erst eine Geschichte dazu ausdenken muß, um sich in den Zusammenhang einfühlen zu können. Die dafür nötige Phantasie und der Bezug zur Wirklichkeit des Kindes sind aber behindert durch die Sprache der Aufgaben und durch ihre Verschränktheit. Immer soll man sich hintenherum an die Nase fassen.

Kurz: Der Zusammenhang mit der Wirklichkeit wird behauptet und zugleich verstellt. So wie die Textaufgaben im Rechenbuch reden, redet draußen keiner.

Beispiel 1 (aus einem Buch für das 5. Schuljahr):

Auf einem Lastwagen, der höchstens mit 12 t beladen werden darf, stehen 12 Kisten mit je 540 kg Gewicht. Wie viele Kisten von je 240 kg dürfen noch zugeladen werden?

Da ist von 12 t und 12 Kisten die Rede. Das tut für ein unsicheres Kind so, als müßte man die beiden Größen wegen der 12 miteinander in Beziehung setzen. Vielleicht in jede Tonne eine Kiste? Mit t zu rechnen, ist sehr schwierig, weil die Anschauung dazu fehlt, man kann ein so großes Gewicht nicht heben. Und die Tonnen, die man kennt, sind rund. Man kann die Aufgabe auch so stellen:

Karl fährt einen 12-Tonner. Er hat bei einem Kunden bereits 12 Kisten aufgeladen, jede wiegt 540 kg. Nun kommt er zu einem Kunden, bei dem er weitere Kisten aufladen soll. Jede dieser Kisten wiegt 240 kg. Karl sagt zu dem Kunden: »Ich weiß nicht, ob ich noch all Ihre Kisten mitnehmen kann. Platz hätten sie schon, aber ich darf den Laster nicht überladen. Der Kunde meint: »Laden Sie soviel von diesen Kisten auf, wie Sie dürfen! Der Rest muß stehenbleiben.«

Wieviel Kisten lädt Karl dann auf?

(Du mußt wissen: Ein 12-Tonner ist ein Lastwagen, den man mit 12 t Gewicht belasten darf, mehr nicht.)

Wenn man so eine Aufgabe richtig gelöst hat, hat man ein Stück vermittelter Erfahrung innerlich geordnet und kann sie wahrscheinlich auf ähnliche Situationen übertragen, im Mathebuch oder im Leben.

Beispiel 2 (im Buch die nächste Aufgabe):

Auf einem Lastwagen stehen 125 Kisten von je 55 kg. Wie viele Kisten von je 75 kg dürfen noch zugeladen werden, wenn der Lastwagen höchstens mit 9500 kg beladen werden darf?

Fünfmal erscheint hier die 5 – aber das ist unerheblich, hält uns nur auf wie eine Dornenranke. Warum ist denn jetzt auf einmal von kg, statt von t die Rede? Das ist doch gemein! Nicht nur, weil es absichtlich verwirrt, sondern auch, weil es das Kind um die Freude betrügt, bei der zweiten Aufgabe mit leichter Hand das anwenden zu können, was es bei der vorigen Aufgabe gelernt hat.

Beispiel 3 (aus demselben Buch):

Karin arbeitete in der letzten Woche 41 Stunden. Der Arbeitgeber zahlte ihr dafür 182,55 DM aus und behielt für Steuer und Versicherung 98,30 DM zurück. Welchen Betrag muß der Arbeitgeber für Karin in einer Stunde aufbringen?

Wie kommt der Arbeitgeber dazu, soviel Geld zurückzubehalten? Und warum soll man nun ausrechnen, wieviel der Arbeitgeber ›für Karin in einer Stunde aufbringen‹ muß? Elfjährigen ist in der Regel nicht klar, was Netto- und Bruttolohn ist und wie sie sich begründen lassen. Und die Schlußfrage versucht dann noch unterschwellig, Mitgefühl mit dem Arbeitgeber zu wecken. Man könnte die Aufgabe auch so fassen:

Karin arbeitete in einer Woche 41 Stunden, Sie ist gespannt, wieviel Lohn sie bekommen wird. Es sind 182,55 DM. Karin ist enttäuscht, sie hatte auf mehr gehofft. Ihr Arbeitgeber erklärt ihr: »Zu deinem Lohn gehören noch 98,30 DM, die ich für dich als Steuer und Versicherung bezahlen muß und dir nicht geben kann. Dein Stundenlohn ist höher, als es dir jetzt erscheint.« – Berechne Karins Stundenlohn.

(Du mußt wissen: Wenn man wissen will, wie gut eine Arbeit bezahlt wird, fragt man nach dem Lohn für eine Stunde Arbeit.)

Auch in dieser Fassung der Aufgabe wird nicht erklärt, warum Steuer und Versicherung bezahlt werden müssen, aber man könnte aus dem Zusammenhang danach fragen. Vor allem spürt man etwas von den Gefühlen der Betroffenen. So kann man die Aufgabe annehmen.

Beispiel 4 (aus einer Probearbeit im 5. Schuljahr):

Herr Schnauferl fährt mit seinem Auto an die Tankstelle und läßt seinen (noch nicht leeren!) 54 l-Tank ganz füllen. 1 Liter Benzin kostet 1,20 DM. Auf 50 DM gibt der Tankwart 6,80 DM heraus. Wie weit hätte Herr Schnauferl vor dem Tanken noch fahren können, wenn er mit einem Liter genau 10 km weit kommt?

Herr Schnauferl ist ein Trottel! Er könnte, statt so umständliche Überlegungen anzustellen, auf die Anzeige an der Tanksäule schauen; da steht, wieviel Liter er getankt hat, und wieviel er dafür zahlen muß. Aber vielleicht ist ja das Zählwerk kaputt. Dann genügt ein Blick auf die Tankquittung, auch da stehen Literzahl und Preis. Und schließlich: Wieso will dieser verschlafene Herr überhaupt wissen, wie weit er noch gekommen wäre? 180 km hätte er noch geschafft, da braucht er sich doch keine Sorgen zu machen.

Kinder machen sich schon einmal Sorgen wenn die Tankuhr auf Null geht. Sie würden auch wissen wollen, wie weit man noch gekommen wäre im Ernstfall. Aber sie stellen sich nicht so dumm an wie Herr Schnauferl. Sich das Problem auf seine Weise zu eigen zu machen, wie die Aufgabe es verlangt, heißt, daß man von seinem verwirrten Gemüt angesteckt wird.

Textaufgaben sind kleine Dramen. Sie können faszinierend sein, wenn alles, was gesagt wird, zusammenstimmt. Dann kann man sich die Geschichte vorstellen, fühlt mit den handelnden Personen, macht sich ihre Probleme zu eigen und damit eine Erfahrung, die die Welt erhellt. Wer das will, muß bei der Formulierung von Textaufgaben sorgfältig darauf achten, daß Gedanken und Gefühle nicht irregeleitet werden.

Ein letztes Beispiel (aus einem Buch für das 2. Schuljahr):

Herr Lanner zahlt für eine bepflanzte Blumenschale 34 DM. Die Schale selbst kostet 16 DM. Bepflanzt ist sie mit 2 Fuchsien, das Stück zu 4 DM, und drei Geranien, das Stück zu 2 DM. Wieviel hat der Gärtner für seine Arbeit und die Blumenerde verlangt?

Anders formuliert:

Herr Lanner sucht sich in der Gärtnerei eine Blumenschale für 16 DM aus. Er läßt sie mit 2 Fuchsien und 3 Geranien bepflanzen. Eine Fuchsie kostet 4 DM, eine Geranie 2 DM. Herr Lanner rechnet sich aus, was Schale und Pflanzen zusammen kosten werden. Der Gärtner verlangt aber mehr: 34 DM muß Herr Lanner bezahlen. »Natürlich!« denkt er sich. »Die Erde und das Einpflanzen kosten auch etwas.« Wieviel hat der Gärtner dafür berechnet?

Wird die Aufgabe zu leicht, wenn sie so ausführlich dargestellt und der Gesamtpreis am Schluß genannt wird statt am Anfang? Ist es wirklich nötig, lernt man etwas Sinnvolles dadurch, daß Textaufgaben künstlich erschwert werden? Braucht die Schule Tricks und Tücken, um die starken von den schwachen Rechnern zu trennen? Und wäre denn das die Aufgabe des Mathematikunterrichts?

So zu fragen, ist furchtbar ermüdend. Man spürt, wie eingefahren die Gewohnheit ist, Kinder mit verdrehten und lebensfremden Textaufgaben auf die Probe zu stellen, wie sehr wir daran gewöhnt sind, manche daran scheitern zu sehen und darüber hinweg zu gehen. Man ahnt, welche Beharrungskraft diese ganze Unvernunft im Laufe der Zeit entwickelt hat, wie entschieden man gegen den üblichen Strich denken muß, will man nur vernünftig sein.

Am Ende fragt man sich, ob die blöden Textaufgaben eigentlich so viel Mühe wert sind, ob es sich wirklich lohnt, sie zu ändern, nach und nach.

Ich meine, jede Textaufgabe ist so wichtig wie alles, womit man seine Zeit verbringt. Kinder sind gezwungen, in die Schule zu gehen. Wir dürfen sie dort nicht nur irgendwie beschäftigen oder gar verwirren. Wir dürfen ihnen nicht die Zeit und die Kraft stehlen, nur weil uns niemand zur Rechenschaft ziehen kann.

Vor allem aber: Wenn Leistungsfähigkeit mit solchen Aufgaben gemessen wird, dann sind die kühlen, ergebnisorientierten Rechner im Vorteil. Anstatt als neugierige, wache Menschen ein kleines Drama zu erleben, suchen sie nur die Struktur der in der Geschichte enthaltenen Rechnung zu erkennen. Das ist bei vielen solcher Aufgaben der einzige Weg, mit ihnen fertig zu werden, sie weglegen zu können, ohne am eigenen Verstand und Gefühl irre zu werden. Wer so unbeteiligt sachlich reagiert, wird belohnt, gepäppelt. Wer sich einläßt auf die Geschichten und dann auch von ihnen verwirrt wird, der wird alleingelassen, gilt als untüchtig.

(Die Aufgabenzitate sind in einer anderen Schrift gesetzt als der fortlaufende Text. Sie ähnelt der Schrift in den Schulbüchern und ist nicht sehr angenehm zu lesen: zu kühl, zu eng, zu klein. Meistens sind die Zeilen noch sehr viel länger als hier. Auch das behindert das Verstehen.)

Textaufgaben sind nur eine Sorte schlampig formulierter, unwahrer oder absichtlich verschrobener Aufgaben, die Kinder in der Schule um das Lernen betrügen und ihnen schaden. Dabei wäre es so einfach, Rechenthemen mit Leben und Phantasie der Kinder zu verknüpfen. Sie denken sich selber verschmitzte, spielerische und sachlich interessante Geschichten aus, wenn man ihnen das aufgibt: Überlegungen vor der Kuchentheke beim Bäcker, Einkehr im Gasthaus mit der ganzen Familie, Sammeln für einen guten Zweck, ein Freund hat Geburtstag, Jagd auf Hundeflöhe ...

Will der Lehrer Aufgaben stellen, muß er auf die Kinder achten. Da hat zum Beispiel Carolin ihr Mathebuch nicht dabei, weil ihr Ranzen zu schwer war. Sie hat es daheim liegenlassen. Das ist ein Anlaß, sie mit und ohne Ranzen zu wiegen, den Ranzen allein und leer, und alles, was darin war, Stück für Stück. Was haben die andern Kinder im Ranzen? Was wiegt das? Was muß man wirklich immer dabei haben? Wieviel Last kann man sich ersparen? Der Ranzen, Symbol für alles, was ein Schüler auf dem Buckel hat, könnte leichter werden, wenn er wichtiggenommen und mit Überlegung untersucht und gewogen wird. Und wenn der Lehrer einmal darüber nachdenkt, was er den Kindern alles aufpackt, zusammen mit ihnen, im Mathematikunterricht. Wenn man so beim Wiegen ist, kann man gleich alle Kinder wiegen, das »Gesamtgewicht« der Klasse berechnen und fragen: Wieviel Kinder wiegen zusammen 1 t? Nächste Aufgabe: Was bedeuten die Angaben über Höchstgewicht und Personenzahl, die man an Fahrstühlen findet? Wie viele von uns dürften sich in einen bestimmten Fahrstuhl hineinzwängen? Und wenn wir unsere Ranzen aufhaben? Dann wird es nicht nur enger, sondern wir sind auch schwerer. Wer darf nicht mehr mit?

Es macht Spaß, Rechengelegenheiten im Alltag aufzuspüren und in den Unterricht zu übersetzen. Es verlangt vom Lehrer Offenheit, Wendigkeit, Klarheit und Geduld, dazu Verzicht auf Dominanz. Die Textaufgabe aus dem Buch ist viel bequemer. Man muß keine Waage herbeischaffen, und die Kinder bleiben auf ihren Plätzen hocken. Aber wie armselig ist das Gerede über fremde Scheinprobleme gegen die Lebensfülle von Rechenstunden, in denen gemessen, gewogen, verglichen und das eigene Drumherum der Kinder geordnet wird. Oder sollten es die Nähe und Wärme, all die Berührungen im Hin und Her in der Klasse sein, die die Lehrer scheuen? Haben sie Angst vor der Lebendigkeit der Kinder?

Im Hintergrund sehe ich diejenigen stehen, denen das alles nicht wehtut. Sie schütteln den Kopf und wundern sich: Was hat sie nur? Das sind doch Lappalien!

Wie verstörend unwahre, schlampig formulierte oder gemein verzinkte Aufgaben wirken können, kann man nur einem Menschen zeigen, der das auch spüren will und sich nicht zum Schutz gegen Verwirrung und Verletzung verschlossen hat.

Eine gute Aufgabe stärkt den Mut, auch später den Problemen, die das Leben bringen wird, angemessen begegnen zu können, mit sicherem Instinkt und überlegter Vernunft. Jede Aufgabe, die stimmt, fordert zur Lösung heraus und stärkt das Selbstbewußtsein. Eine Aufgabe, die nicht stimmt, verwickelt mich in ihre Unwahrhaftigkeit, verstört mein Empfinden, auch wenn ich sie richtig löse.

Schlechte Textaufgaben beschädigen das Orientierungsvermögen. Das ist keine Lappalie!

Wir sind so von klein auf gewöhnt, bei anderen nachzufragen, was *richtig* sei, daß man im allgemeinen gar nicht mehr Vertrauen zu dem hat, was sich in einem meldet. Die sogenannte *innere Stimme* spricht beim Erwachsenen meist nicht mehr klar und zuverlässig …

Das *Empfinden für das Stimmende* ist nichts Mysteriöses, ist nichts *Moralisches* und nichts *Ethisches,* sondern ist eine Funktionsweise, die auch zu unserer biologischen Ausrüstung gehört. Dies *Empfinden für das Stimmende* leitet den Menschen von den ersten Atemzügen an bei der Eroberung des Zugangs zu sich selbst und zur Umwelt und wird ihn um so sicherer auch beim Älterwerden, bei sozialen Problemen und *moralischen* Forderungen leiten können, je weniger die Beziehung zu dieser inneren Führung in der frühen Jugend gestört worden ist …

Die Fähigkeit, sich durch das *Empfinden fürs Stimmende* zu orientieren, macht es möglich, sich etwas zu erarbeiten …

Den Kindern Voraussetzungen für wirkliche Entfaltung zu schaffen, bedeutet nicht, sie zu verweichlichen und zu verwöhnen. Sie brauchen echte und nützliche Widerstände.

Entfaltung kann sich nur durch Auseinandersetzung mit Widerständen vollziehen. Widerstände und Verstörung erzeugende Einwirkungen sind jedoch nicht das Gleiche.

Heinrich Jacoby, Zürich 15. Februar 1945
›Jenseits von *Begabt* und *Unbegabt*‹

Das ist das erste Blatt in einem Rechtschreibübungsheft für die zweite Klasse. Dreiunddreißig ähnliche Blätter folgen, Diktattexte für ein ganzes Schuljahr mit reichlich Übungen, um die Schreibweise bestimmter, abgezählter Wörter einzuprägen.

Damit meine Klasse selbständig arbeiten kann, will ich zu jedem Aufgabenblatt ein Lösungsblatt schreiben. Aber so einfach ist das nicht. Ich stocke schon bei Aufgabe 1: Die *Lernwörter* sollen der Länge nach geordnet und aufgeschrieben werden, aber vier von ihnen haben fünf Buchstaben. Welches Wort kommt nun zuerst? Welches dann? Wie soll ich unmißverständlich schreiben, welche Anordnung richtig ist? Mir wird seltsam, wenn ich die Buchstaben der Wörter zu zählen versuche.

Was denken die Kinder bei so einer Aufgabe? Worauf achten sie? Was merken sie sich? Wird ihnen etwas klar? Auch die anderen Übungen: Helfen sie, Sicherheit für das Diktat zu gewinnen? Kommt es denn auf die Wörter an oder auf den Diktattext?

Je länger ich nachdenke, desto kleiner werde ich. Ich fühle mich mehr und mehr wie ein Kind, das von Aufgaben, die es in die Hand nehmen möchte, verwirrt wird. Endlich fällt mir auch auf, was für ein Text das ist, für den da geübt werden soll. Am Anfang des zweiten Schuljahres eine Geschichte, die einem Kind Angst und Schrecken einjagen muß: der erste Schultag, Zuspätkommen, ein neuer Lehrer, ihm den eigenen Namen sagen müssen!

Die Gefühle des Kindes, das dies liest und zu schreiben lernen soll, sind dem Autor des Arbeitsblattes offenbar gleichgültig. Wörter, Sätze sollen richtig wiedergegeben werden, darauf hat man sich zu konzentrieren! Aber die Angst,

Erster Schultag

Karl kommt zu spät in die Schule. Der neue Lehrer kennt ihn nicht. Karl muß seinen Namen sagen. Dann darf er sich neben seinen Freund setzen.

1. **Diese Wörter wollen wir besonders gut lernen. Sie heißen „Lernwörter". Ordne sie der Länge nach (Buchstaben zählen) und schreibe sie in dein Heft!**

kommt, Schule, spät, nicht, muß, Namen, Freund, setzen, Lehrer, kennt

2. **Geheimschrift! Achte auf die Buchstabenhöhe!**

| s | i | c | h |

sich ______ ______ ______ ______

3. **Bist du ein Dichter? Schreibe die Reimwörter in dein Heft!**

nicht: d__, L__, st__, br__, Gew__

setzen: w__, f__, h__, p__, verl__

sagen: n__, tr__, fr__, pl__, kl__, M__, Kr__

kennt: n__, br__, r__, tr__

4. **Setze den richtigen Buchstaben ein und schreibe in dein Heft!**

N	. ehrer	K	. ag	k	. arf
F	. ame	Sch	. arl	d	. agen
L	. reund	T	. ule	s	. ennt

5. **Wie heißen diese Kinder? Schreibe die Namen in dein Heft!**

trePe eiHid uRdi rlaK atriMn aksurM

6. **Schreibe das richtige Wort unter das Bild!**

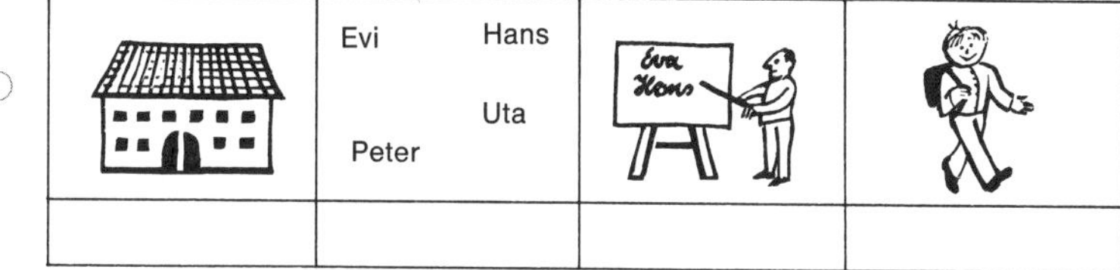

7. **Verbinde die Buchstaben in der richtigen Reihenfolge! (Abc . . .)**

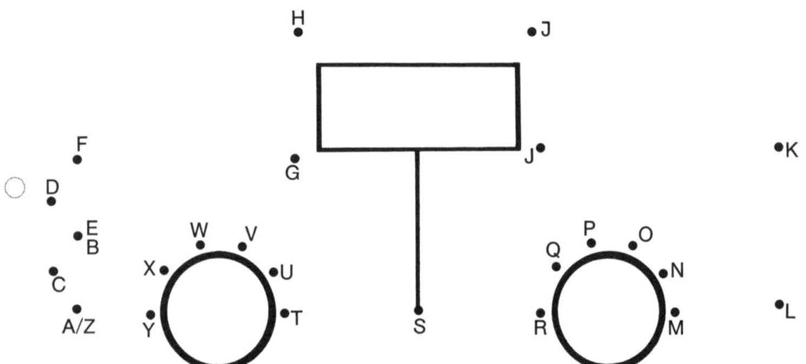

8. **Ordne nach dem Abc! – Schreibe 1, 2, 3 in die Kreise!**

○ *Karl*	○ *die*	○ *zu*	○ *sagen*
○ *spät*	○ *Lehrer*	○ *neue*	○ *darf*
○ *ersten*	○ *setzen*	○ *seinen*	○ *muß*

9. **Rätsel! Setze die richtigen Wörter ein! Male ein Bild zum neuen Wort!**

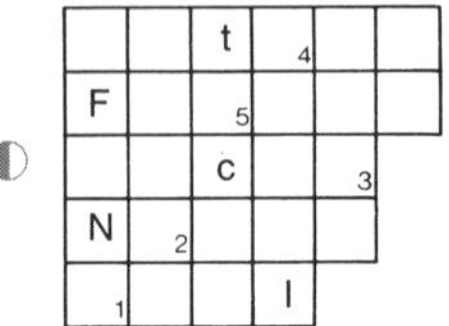

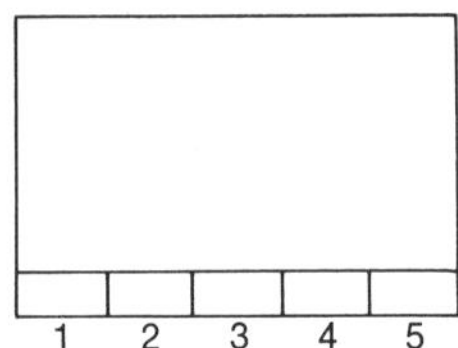

10. **Schreibe diese Geschichte in dein Heft!**

Erster Schultag

Ein neuer Lehrer ist in der Schule. Karl kommt zu spät. Er kennt den Lehrer nicht. Karl sagt seinen Namen. Erst dann darf er sich neben seinen Freund setzen.

die der Text weckt, bleibt spürbar als diffuses Unbehagen, auch wenn sie nicht bewußt wahrgenommen wird. Sie mischt sich mit der Angst vor dem Versagen, zehrt die Kräfte auf, die man brauchte, um richtig lesen und schreiben zu können. Man möchte flüchten, wo man sich gelassen einer Aufgabe zuwenden sollte. Die einzige Rettung: Gefühle unterdrücken und abspalten.

Dem herzlosen Text folgen Übungen, die zum Teil nutzlos und verwirrend sind. Sie lenken ab von dem, was gelernt werden soll, statt darauf hinzuführen.

Am Ende droht ein Examen, das Diktat. Es wird dem Versager die Schmach einer schlechten Note aufbrennen. Nach dem Diktat wird es plötzlich nebensächlich sein, ob einer die Wörter, die er nicht gekonnt hat, schließlich doch noch lernt. Die »Verbesserungen« in den Diktatheften sind leere Rituale.

Kurz: Das Kind wird in Verwirrung gestürzt, geprüft und abgestempelt. Dabei zu glänzen, das heißt wahrscheinlich, gefühllos funktioniert zu haben.

Wem solche Überlegungen zu wehleidig erscheinen, der mache alle Übungen des Arbeitsblattes in Schönschrift.

Dann vergleiche er den Text des Diktates mit dem folgenden, der fast dieselben Worte enthält, uns aber in eine andere Stimmung versetzt – wozu die übersichtliche Anordnung der Textzeilen auch etwas beiträgt.

Warum ist die Vorlage für das Diktat in Schreibschrift geschrieben? Das ist heute üblich, es soll die Wortbilder gleich so einprägen, wie sie zu schreiben sind.

Aber ist denn nicht derselbe Text in Druckschrift leichter zu lesen? Erkennt man nicht die Wörter bis in die einzelnen Buchstaben deutlicher? Wird der Kopf, den der Schreibschrifttext etwas dumpf gemacht hat, nicht beim Lesen dieser Vorlage wieder munter?

Das Schreibschriftvorbild soll die Hand des Kindes wie von ferne lenken. Es will sich so einprägen, daß es beim Schreiben gewissermaßen nur noch nachgefahren werden muß. Was das Kind dann später abliefert, nennt sich auch richtig *Nachschrift.* Der Verstand des Kindes wird umgangen, ihm ist nicht zu trauen, er ist unberechenbar und könnte stören. Am besten fügt es sich der Lenkung und schaltet beim Schreiben alles aus, was sich zwischen das verinnerlichte Wortbild und das nachmalende Wort im Heft schieben könnte.

Aber die Methode ist nicht konsequent. Die Übungen auf dem Arbeitsblatt legen Assoziationen zu Wörtern nahe, die nicht im Nachschrifttext vorkommen. Wie soll der Kopf

Erster Schultag

Alle freuen sich auf ihre Freunde.
Keiner kommt zu spät in die Schule.
Sie haben einen neuen Lehrer,
der sie noch nicht kennt.
Jeder sagt ihm seinen Namen.

zwischen erwünschten und unerwünschten Assoziationen unterscheiden? Gerade dann, wenn man auf sich gestellt alles richtig schreiben soll – und gleichzeitig ahnt, daß der Lehrer auch Kinder braucht, die die Aufgabe nicht schaffen – wenn man kalt wird und die Hand sich verkrampft vor lauter Angst, sinkt die Schwelle, die das Unbewußte hindert, sich einzumischen und in *Fehlern* zu äußern.

Wir müssen uns klarmachen, daß nicht nur sadistische und gefühlskalte Lehrer, nicht nur das Versagen selbst und die Überforderung Schulangst erzeugen. Es sind vor allem und jeden Tag unsere Unterrichtsmethoden, die Lernweisen, die wir den Kindern aufzwingen. Gefesselt und unsicher verzweifeln sie am eigenen Verstand. Wenn man auch nur versucht, zu beschreiben und zu verstehen, was in einem Kind vorgehen mag, das mit dem abgebildeten Blatt Recht-

Erster Schultag

Alle freuen sich auf ihre Freunde.
Keiner kommt zu spät in die Schule.
Sie haben einen neuen Lehrer,
der sie noch nicht kennt.
Jeder sagt ihm seinen Namen.

schreiben lernen will, bekommt man selber Angst gegenüber der Verantwortung, die wir mit solchen Fernlenkversuchen auf uns laden.

Noch ein Wort zu gedruckten Schreibschriftvorlagen für Nachschriften: Sie schüchtern ein, mindern im Vergleich den Wert der Handschrift des Kindes und sind kein Vorbild, das das Kind verstehen und annehmen kann. Die Erwachsenen, die es kennt und liebt, denen es ähnlich werden möchte, schreiben nicht so.

Der schwerwiegendste Einwand: Sie verhindern, daß das Kind in der Übertragung des Vorbildes in seine eigene Schrift sich die Worte ganz bewußt aneignet, wie es geschieht, wenn es richtig gedruckte Texte abschreibt. Das verlangt Aufmerksamkeit und Überlegung. Darum maulen manche Kinder, die daran nicht gewöhnt sind oder es grad mal bequem haben möchten. Aber hinterher sind sie froh, daß sie es geschafft haben. Sie sind stolz auf das nun Eigene, das kann man sogar noch in ihrem erleichterten Stöhnen hören.

Gut gemeint ...

Hans kauft schöne Rosen. Er versteckt sie innen im Schrank. Am Sonntag ist Muttertag. Aber wie sehen die Blumen da aus! Mutter erklärt: Pflanzen lieben das Licht und frisches Wasser müssen wir ihnen auch geben!"

Der Muttertag ist für viele Erwachsene ein beklemmendes Symbol für falsche Gefühle. Als Kinder haben wir Muttertagsgedichte in der Schule abgeschrieben und verziert, haben sie daheim überreicht und aufgesagt, und die Innigkeit der Kindesliebe, die darin beschworen wurde, machte uns vor uns selbst in der eigenen schwierigen Beziehung zur Mutter zu Stümpern. Als Erwachsene erinnern wir uns mit Schaudern an die geheuchelte Übereinstimmung mit den Vorbildern. Die Scham über das eigene Ungenügen bleibt bei manchem ein Leben lang unklar vermischt mit der Scham über den Selbstverrat, zu dem er sich hat verleiten lassen.

All das fiel mir ein, als ich die Kopie eines Textes sah, den Sebastian fürs Diktat hatte üben sollen. Siebenjährige so plump darauf zu verweisen, daß Pflanzen Licht und Wasser brauchen! Das ist genauso herzlos, wie die Wendung *versteckt sie innen im Schrank* dumm ist. Warum wohl da das *innen* eingefügt wurde?

Kindern, die sich ohnehin sorgen, ob sie mit ihren Geschenken der Mutter auch wirklich Freude machen können, sollte man Mut machen und behilflich sein, wenn man sich schon einmischen muß, statt ein anderes Kind als lächerliches Beispiel vorzuführen. Ich habe diesen Text einer Psychoanalytikerin gezeigt. Sie meinte entsetzt: »Das stammt doch von einer Sadistin!« Aber diesen Text hat gar nicht Sebastians Lehrerin verfaßt. Er stammt aus einem Rechtschreib-Übungsheft für Zweitkläßler, ist gedruckt und weit verbreitet worden. Die Schrift ist überkorrekt – man beachte, das das *t* etwas kleiner ist als das *k*. So gehört sich das! Mir gefällt diese Schrift nicht, sie hat einen aufdringlichen, unangenehmen Charakter. Ein Text zum Wegschauen und Davonlaufen! Aber die Kinder sollen ihn sich aneignen.

Nun, das war der Übungstext. Das Diktat würde zwei Tage später kommen und einige Ähnlichkeit damit haben, aber nicht gleich sein. Dahinter steckt wohl die Idee, daß man das Geübte in andere Zusammenhänge *transferieren* und so beweisen soll, daß man – nein, ob man es beherrscht. Früher eingeübte Wörter werden untermischt, zur Probe für das *Langzeitgedächtnis*. Ein echtes Examen also.

Wenn ich Sebastians Diktat anschaue, fällt mir zunächst die Note auf: 4 Fehler, Note 5. Das ist wirklich hart, hartherzig. Wahrscheinlich ist das Diktat so gut ausgefallen, daß man eben mit 4 Fehlern schon bei den ganz Schlechten war, die es einfach geben muß. Eine Kollegin sagte mir neulich: »Bei uns tragen sie mit Stolz ihre Durchschnittsnoten von 3,0 durchs Schulhaus, die Kollegen aus der zweiten Klasse schon, die aus höheren sowieso, ganz gleich, wie gut die Kinder gearbeitet haben.«

Als zweites entdecke ich in der ersten Zeile den übersehenen Fehler *(Muttertg)*. Der erste vermerkte Fehler: Statt *Am* hat Sebastian *Auch* geschrieben. Er wird gedacht haben: »Auch ein Text über den Muttertag!« Ob er darüber erleichtert war? Schwer zu sagen, der Übungstext war schließlich nicht ermutigend.

Dann drei Zeilen ohne Fehler und in der vierten wieder einer: *auf* statt *auch*. Gibt das einen Sinn? Ist Sebastian das *f* von *Brief* gewissermaßen nach vorn gerutscht? Oder hat er daran gedacht, daß man *auf Briefpapier* schreibt? Womöglich hat die Lehrerin beim Diktieren nach drei Worten eine Pause gemacht? *Er schreibt auch* – das kann man leicht mit mehr Sinn als *Er schreibt auf* hören. Wenn man Sätze beim Diktieren in Bruchstücke zerlegt, ändert sich manchmal, ohne daß man es selber merkt, die Stimmführung. Man muß das ausprobieren, um es zu verstehen. Ein leichtes Heben der Stimme bei *auch*, und das Wort rutscht aus dem Sinnzusammenhang des Satzes. Hat man aber *auf* geschrieben, stimmt der Rest nicht mehr so richtig, man muß schwanken. Der vierte Fehler: *Bielt* statt *Bild*. Genau darüber steht *Brief*, das *ie* darin kann das in der Zeile drunter sozusagen angelockt

Auch Sonntag ist Muttertg. 1
Hans hat seine Mutter
lieb und will ihr danken.
Er kauft schöne Blumen.
Er schreibt auf einen Brief 1
und malt dazu ein Bielt. 1
Hans meint: „Da wird
sich die Mutter aber freun." 1
N. 5 4F
V Bild, auch, freuen, Am, ✓ 3

haben. Dazu mag eine Unsicherheit kommen, die sich früher einmal an das Wort geknüpft hat. In so einer Lage versuchen Kinder dieses Alters, wenn sie nicht resignieren, sich durch übergenaues Sprechen des Wortes zu helfen. Schon klingt das *i* in Bild wie ein langes. Außerdem: Ein *ie* am falschen Platz zeigt sehr oft, daß das Kind es gut machen wollte und soll sagen: »Schau, ich geb mir Mühe! Ich schreib das sogar mit *ie*.«

Je genauer Sebastian sich innerlich das Wort *Bild* vorspricht, desto schärfer hört er ein *t* am Ende. Sich durch die Ableitung *Bilder* auf das *d* zu besinnen, fällt ihm nicht ein. Er versucht krampfhaft, das Wort lauttreu zu schreiben, er regrediert. Wie unsicher er sich dabei fühlt, wie wenig er dem *Bielt* traut, sieht man am nächsten Wort: Das *H* von *Hans* gerät ihm völlig verwackelt. Und nun der letzte Fehler: Wer von uns sagt *freu-en?* Wer hört *freuen* nicht als *freun*, wenn so eine Angstpartie zu Ende geht und die gute Mutter winkt?

Sebastians Diktat ist mit seinen scheinbar unsinnigen Fehlern kein Zeugnis von *Legasthenie*. Es ist ein anschauliches Beispiel dafür, wie Angst die überlegte Selbstkontrolle und damit das Rechtschreiben behindert. Halbbewußtes und Unbewußtes schwappt in die Wörter, vermischt sich mit Klargewußtem und macht Angst. Vermehrte Unsicherheit, Fluchtwünsche, Pflichtbewußtsein, Angst vor dem Scheitern, Hoffnung auf ein Wunder. »Dann wird mir ganz kalt!« habe ich oft von Kindern gehört, wenn sie erzählt haben, wie ihnen bei einem Test zumute ist, sogar wenn kein schlimmes Versagen droht.

Wie geschlagen Sebastian nach diesem Diktat war, wie unverstanden die Niederlage ihm blieb, sieht man seiner Schrift bei der Verbesserung an.

Enteignete Sprache: Diktate

Diktat: Niederschrift von etwas Vorgesprochenem; diktatorischer Befehl

Brockhaus Enzyklopädie 1968

Ein Diktat mag sich etwa so anhören: Hören wir mal zu!

» Überschrift: Freund oder Feind? – Freund o der Feind – Freund o der Feind – Erster Satz: Kurt und Peter sitzen in der Schule an einem Tisch Punkt – Kurt und Pe ter – Kurt und Pe ter – sit zen in der Schu le – sit zen in der Schu le – an ei nem Tisch Punkt – an ei nem Tisch Punkt – Nächster Satz: Eines Tages zerbricht Peter den Füller seines Freundes Punkt – Ei nes Ta ges – Ei nes Ta ges – zer bricht Pe ter – zer bricht Pe ter – den Fül ler – den Fül ler – sei nes Freun des Punkt – sei nes Freun des Punkt – Nächster Satz: Da geht Kurt auf Peter los Punkt – Da geht Kurt – Da geht Kurt – auf Pe ter los Punkt – auf Pe ter los Punkt – Nächster Satz: Seine Augen funkeln wild Punkt – Sei ne Au gen – Sei ne Au gen – fun keln wild Punkt – fun keln wild Punkt – Nächster Satz: Er will Peter schlagen Punkt – Er will – Er will – Pe ter schla gen Punkt – Pe ter schla gen Punkt – Letzter Satz: Aber wird so der Füller wieder ganz Fragezeichen – A ber wird so – A ber wird so – der Fül ler – der Fül ler – wie der ganz Fragezei chen – wie der ganz Fragezeichen «

Mit Glück hat man dann niedergeschrieben:

Freund oder Feind?
Kurt und Peter sitzen in der Schule an einem Tisch.
Eines Tages zerbricht Peter den Füller seines Freundes.
Da geht Kurt auf Peter los.
Seine Augen funkeln wild.
Er will Peter schlagen.
Aber wird so der Füller wieder ganz?

Der Text ist für sich genommen nicht schwierig. Ein Zweitkläßler hat ihn, wenn er ihn unbedingt schreiben können soll, rasch auswendig gelernt. Er schreibt ihn auch aus dem Kopf auf, schneller, selbständiger und selbstbewußter, mit mehr Verantwortungsgefühl und weniger Angst, als wenn er ihn ferngelenkt nach Diktat schreiben muß.

Warum gibt es überhaupt Diktate? Warum bestimmen sie den Deutschunterricht vom ersten Schuljahr an? Warum bereiten Rechtschreibübungen fast immer ein Diktat vor?

Wäre es nicht sinnvoller, die Kinder bekämen Gelegenheit, sich in eigenen Texten um richtiggeschriebene Wörter zu bemühen? Solche Mühe hätte einen guten Zweck: Wer liest, was ich aufgeschrieben habe, kann es leicht lesen. Wird nicht ein Kind den Lehrer, der es darin unterstützt, gerne als Helfer, als Lehrer annehmen?

Es gibt viele Erfahrungen dazu, schriftlich dokumentierte aus dem Bereich der Freinet-Pädagogik und solche, die man von Lehrern erfragen müßte, wenn es darum ginge, Methoden zu entwickeln, die es Kindern erlauben, ohne Angst und in eigener Verantwortung zu lernen, wie man die Wörter der deutschen Sprache richtig schreibt.

Aber darauf kommt es nicht an. Wir brauchen nachprüfbare Leistungen, darum brauchen wir Diktate.

Sind denn frei geschriebene Texte keine nachprüfbaren Leistungen? *Doch, das schon. Aber sie sind nicht vergleichbar. Man kann sie nicht benoten.*

Warum denn nicht? Man sieht doch, wieviel Wörter richtig geschrieben wurden, wieviel Überlegung dazu notwendig war oder wieviel selbstverständliche Sicherheit im Umgang mit den Wörtern. Man merkt, ob ein Kind den Fehler in einem Wort selbst findet und sich auf das Richtige besinnt, wenn der Lehrer den Finger auf das falsche Wort legt. Man spürt, ob es Belehrungen aufmerksam annimmt, sie versteht und in seine eigenen Aufzeichnungen überträgt. Man kann in Hefteinträgen in allen Fächern sehen, ob einer gleichgültig oder verantwortungsbewußt mit der Schreibweise der Wörter umgeht. Das alles kann man benoten. Ich vermute, daß die Kleinen sogar solche Noten haben möchten als Besiegelung ihrer Leistung.

Aber solche Benotung ist nicht genau, nicht nachprüfbar.

Es ist etwas umständlicher für einen Außenstehenden, sich da hineinzudenken, als in das übliche Fehlerzählsystem.

Man sieht den Noten dann aber nicht an, wer gut ist und wer schlecht!

Gut und schlecht? Man könnte den Noten ansehen, wer schon stärker ist in der Kunst des Rechtschreibens, und wer noch schwach. Der Schwächere, Kleinere ist noch nicht so weit wie der Große. Aber er wird wachsen. Man könnte ihm sagen: » Das machst du schon recht gut, das da ist ganz in

Ordnung, mit dem da hast du noch Schwierigkeiten, da paß auf!« Das ließe sich auch in einer Note zusammenfassen.

Aber die Noten wären nicht vergleichbar, sie wären nicht gerecht.

Was ist die Gerechtigkeit von Diktatnoten?

Der Lehrer kann die Fehler zählen. Alle haben unter gleichen Bedingungen denselben Text geschrieben. An den Fehlerzahlen läßt sich ablesen, wie gut jeder einzelne ihn beherrscht. Da sieht man genau, wer ein guter, mittlerer oder schlechter Rechtschreiber ist.

Und wenn alle gut sind, kaum Fehler gemacht haben?

Wieso? Das gibt es nicht!

Wenn alle, womöglich mit Hilfe des Lehrers, sich so gut vorbereitet haben, daß sie keine Fehler mehr machen?

Dann war der Diktattext zu leicht!

Das ist die Gerechtigkeit der Diktatnoten.

Warum schaut Bettina beim Diktat ab? Sanfter: Warum schaut sie immer wieder auf das, was Tobi geschrieben hat. Tobi sitzt neben ihr.

Ich zische, rufe ihren Namen, erst leise, dann strenger und lauter. Sie tut es immer wieder. Und sie ist nicht die Einzige. Das geschieht ganz offen, obwohl ich schon oft gesagt habe: Jeder bleibt bei seinem Heft!

Ich halte mich diesmal zurück, erlebe die Klasse als eine Gruppe, die etwas tut, was sie mir fremd macht: Ich will es nicht, und sie tun's doch, und ohne Trotz. Ich fühle mich hilflos, verloren, allein. Aber diesmal schimpfe ich nicht, um die Kinder auf meine Sicht der Dinge zu verpflichten. Ich besinne mich auf eine immer wieder vergessene Erkenntnis: Wenn ein »Fehlverhalten« hartnäckig bleibt, steckt eine Botschaft oder Wahrheit darin, die ich noch nicht kenne.

Also frage ich diesmal Bettina: »Warum tust du das? Du weißt doch, daß du es nicht sollst.«

Bettina (ungefähr): »Manchmal, dann bin ich nicht so sicher, ob ich das Wort richtig hab, und dann guck ich bei ihm.« Ich: »Und wenn er es genau so hat, weißt du, daß es stimmt und bist beruhigt.«

Bettina: »Nein, so nicht. Ich will es ja nur sehen.«

Ich: »Damit du dann nicht alleine bist mit der Unsicherheit?«

Bettina: »Nein, so nicht!«

Eine Weile geht das so weiter, bis ich sage: »Wenn du unsicher bist, schaust du nach, wie der Tobi schreibt, und dann denkst du nochmal neu über das Wort nach.«

Und endlich, in einem ganz klaren Ton, Bettina: »Ja. Genau.« Mir ist, als hätte ich in einem inneren Puzzle das Schlußsteinchen eingesetzt und verstehe nun das Bild: Die

Kinder verhalten sich, wenn sie zum Nachbar schauen, vollkommen natürlich und sachgerecht. Man tut etwas, baut etwas, fertigt etwas an – so ein Diktat ist ja ein kleines Werk – und möchte, das es gut wird, daß es am Ende stimmt. Man stößt auf ein Problem, wird unsicher. Die natürliche Reaktion ist, sich umzusehen, wie es die anderen machen, sich davon anregen zu lassen, um dann die Arbeit am eigenen Werk bewußter und entschiedener fortzusetzen. Wer im Leben nicht so handelt, muß dumm oder gegenüber seiner Aufgabe gleichgültig sein.

In der Schule ist der Blick zum Nachbarn verboten, aus einem guten und einem schlechten Grund. Der gute: Wer sich allzu schnell bei den andern umsieht, mag versäumen, die ganz eigenen Kräfte zu entdecken; er entmutigt sich möglicherweise selbst. Das gilt vor allem, wenn er sich mit dem sicherer voranstrebenden Nachbarn vergleicht, wenn er konkurriert und Zweifel und Unwissen vor sich selber vertuscht, um nicht *schlechter* zu sein als der andere. Genau diese Haltung fördern wir aber, wenn wir Noten so geben, daß alle Kinder Konkurrenten werden. (Das verwirrt mich selber, aber das hängt wohl mit der tatsächlich wirren Situation zusammen, die auf Kinder noch viel lähmender wirken muß.)

Der schlechte Grund: Wir wollen prüfen – und zwar nicht, wer es kann, sondern gerade, wer *in Diktat* z.B. besser und wer schlechter ist. Kinder, die dann mogeln, stürzen sich nicht nur ins Unbehagen der eigenen Lüge, sie mischen ihre *bösen* Motive (die Absicht der Verschleierung, zum Betrug) mit ihren natürlichen und berechtigten Impulsen (nämlich sich anregen zu lassen), und das mischt sich mit der Angst vor der Entdeckung, daß man nicht so toll ist, wie man gerne sein möchte.

Braucht es so überlegte Methoden, um Rechtschreiben zu lernen? Kann man die Aufgabe, bestimmte Wörter und Texte sich einzuprägen, um sie dann aus dem Kopf richtig zu schreiben, nicht in die eigene Verantwortung der Kinder geben und sich als Erwachsener darauf beschränken, Antwort zu geben, wenn man gefragt wird?

Ich habe mit der zwölfjährigen Gabi, die große Schwierigkeiten im Rechtschreiben hatte, die dümmsten Fehler machte und gleichgültig dagegen zu sein schien, einen Versuch gemacht. Ich habe mir gesagt: Sie hat fast alle die Worte, die sie schreiben muß, sicher längst mehr als einmal gesehen. Sie muß sie also im Kopf haben. Heinrich Jacoby sagt, es sei biologisch unmöglich, etwas zu vergessen. Die Frage ist nur, ob Gabi ein Wort lange genug sucht und ob sie es erkennt, wenn es sozusagen innerlich vor ihr liegt. Ich weiß ja, wie es mir geht, wenn ich etwas verlegt habe. Das Suchen und das Erkennen will ich mit ihr üben, das müßte helfen.

Als ich Gabi das erklärte, hat sie mich wohl nicht verstanden, aber sie war bereit, sich von mir an zehn Tagen jeweils ein anderes Diktat geben zu lassen, das sie vorher nicht kannte und bei dem sie immer, wenn sie etwas nicht wußte oder unsicher war, fragen durfte.

Das erste Diktat war eine Katastrophe, 16 Fehler, die mich wütend machten, weil sie nicht nachgedacht und nicht gefragt hatte. Ich habe geschimpft, und sie hat geweint. »Ich merk es doch gar nicht, wenn ich etwas nicht weiß oder wenn ich unsicher bin.« Am nächsten Tag hat sie angefangen, zu fragen, und hatte nur noch 8 Fehler.

Ich habe ihr möglichst nicht vorgesagt, ob das Wort, um das es jeweils ging, mit *ie*, mit *h*, mit *v* oder *f*, groß oder klein geschrieben würde. Ich habe gesagt: »Was meinst du?« oder

»Überleg mal?« oder »Du hast es schon oft gesehen, besinn dich, wie du es in Erinnerung hast!« Ich habe auch gesagt: »Welches Wort steckt denn drin in *eigenhändig?«* oder »Wie heißt die Mehrzahl von *Hand?* Da hörst du, ob es *d* oder *t* sein muß.« Und fast immer hat sie sich die Antwort selber geben können. Manchmal habe ich sie auch vor einem Wort gewarnt: »Paß auf! Das ist zusammengesetzt.«

Das dritte Diktat war eine schwere Prüfung für mich. Da hat sie mich unablässig gefragt, und ich mußte mich zusammenreißen, um sie nicht irgendwann anzufahren: »Stell dich nicht so blöd!« Ergebnis: 5 Fehler. Im vierten Diktat machte sie 3, im fünften und sechsten je 2 Fehler. Da ging das Fragen über in ein lautes Überlegen, das das Schreiben begleitete. Ich hab nur noch zustimmend gebrummt.

Im siebten Diktat ein Rückschlag. Es war sehr lang, und eine Freundin wartete: 7 dumme Fehler. Im achten Diktat wieder zwei Fehler, über die wir zusammen gelacht haben, und im neunten schließlich gar kein Fehler. Es war nicht sehr lang, eine Seite nur, aber es brachte den endgültigen Durchbruch. Im zehnten Diktat, zu dem Gabi mich selber holte, hat sie fast nichts gefragt und mir nachher gesagt: »Ich wollte jetzt mal ohne Fragen probieren, ob ich es kann.«

Sie liebt es, mit mir Diktate zu schreiben, außer wenn sie zu müde ist. Sie merkt, wann sie unsicher ist und denkt nach, anstatt irgendein Angebot für das Wort zu machen und fragt, wenn sie allein zu keinem überzeugenden Ergebnis kommt.

Diese Übungsmethode habe ich inzwischen mehreren Müttern empfohlen, deren Kinder sich auch schwertun mit der Rechtschreibung. Sie scheint allen zu nützen, ziemlich rasch sogar. Und sie ist doch nichts als nur natürlich.

Für den Menschen ist Lernen, vor allem organisches Lernen, eine biologische, um nicht zu sagen: eine physiologische Notwendigkeit. Wir lernen gehen, sprechen, auf Stühlen oder im Schneidersitz oder wie die Japaner sitzen; wir lernen lesen, schreiben, malen, zeichnen, Instrumente spielen, pfeifen. Wir haben so gut wie keine Instinkte fürs Essen und Trinken, und unser Leben wird mindestens ebensosehr von unserer kulturellen Umwelt bestimmt wie durch unsere biologischen Voraussetzungen …

Da jedoch organisches Lernen beim Kind eine komplexe Struktur und verschiedene miteinander verbundene Funktionen ins Spiel bringt und sich über mehrere Jahre erstreckt, kann solches Lernen nicht ohne Unvollkommenheiten, Fehler und Mißlingen geschehen. Organisches Lernen ist je-individuell und geht ohne einen Lehrer vor sich, der etwa in einer bestimmten Zeit zu bestimmten Ergebnissen gelangen möchte. Es dauert so lange, wie der Lernende beim Lernen bleibt.

Dieses organische Lernen ist langsam und kümmert sich nicht um die Bewertung etwaiger Ergebnisse als gut oder schlecht. Es hat keinen erkennbaren Zweck, kein Ziel. Es wird gelenkt einzig von dem Gefühl der Befriedigung, das sich einstellt, wenn jeder neue Versuch als weniger ungeschickt empfunden wird als der vorangegangene, weil jetzt ein kleiner Fehler vermieden wurde, der zuvor als unangenehm oder als hinderlich empfunden worden war. Es kann vorkommen, daß der Lernende, von den Eltern oder von wem auch immer angefeuert oder gar gedrängt, irgendein erstes Gelingen zu wiederholen, Rückschritte macht, daß er regrediert; weitere Fortschritte können so um Tage, ja Wochen verzögert werden oder überhaupt ausbleiben.

Moshé Feldenkrais ›Die Entdeckung des Selbstverständlichen‹

Enteignete Sprache: Grundwortschatz

Ich fürchte, unsere allzu sorgfältige Erziehung liefert uns Zwergobst.
Georg Christian Lichtenberg

Es gibt eine gute, alte Tradition, Diktattexte so zu formulieren, daß sie gemeinsame Erfahrungen der Kinder spiegeln. Da leben dann beim Üben Erinnerungen auf, die man mit dem geschriebenen Wort ins Heft bannt.

In so einem Text ist von den Kindern die Rede. Sie haben ihn miteinander formuliert, oder der Lehrer sagt in dem Text, wie er die vielfältigen Erfahrungen in bezug auf eine Sache, ein gemeinsames Erlebnis zusammenfaßt. Wenn der Text gut ist, hat er um sich viel Raum, in dem sich individuelle Erfahrungen und Gedanken ansiedeln können. Manchmal geht es auch um ein bestimmtes Kind der Klasse, zum Beispiel um Carolin und den Maikäfer, den sie mitgebracht hat. Wenn der Lehrer den Diktattext an der Tafel entstehen läßt, sitzen die Kinder davor, und jeder kann Einspruch erheben, wenn er meint, die Formulierung des Textes spiegele nicht das, was er selbst erlebt hat. Vieles, was unerwähnt bleiben muß, kann sich jetzt melden und wird dann vom Text unsichtbar mitgetragen. So einen Text übt man gerne immer wieder, er lebt und feiert in Worten die Gemeinsamkeit der Klasse.

Nun gibt es seit langer Zeit Sammlungen von Diktattexten, die an die Themen des Sachunterrichts anknüpfen. Auch da geht es um Kinder, aber nicht um uns. Franz, der eine neue Hose braucht, Udo, der den Bus verpaßt, Ilse, die keine Eier kochen kann, Susi, die mit ihren Eltern auf die Berge steigt – wir kennen sie nicht. Trotzdem müssen wir eine Woche lang üben, ihre Erfahrungen und Erlebnisse aufzuschreiben! Man kann sich schon auch was dabei denken, eigene Erfahrungen damit verknüpfen, aber man teilt sie nicht mit den andern, die denselben Text üben.

Jetzt kommt es noch schlimmer: Diktattexte sollen garantieren, daß im Laufe eines Schuljahres ein festgelegter Grundwortschatz geübt wird. Mehrere Bundesländer haben ihre Lehrpläne mit einer solchen Sammlung aufgeputzt, und man hört bereits von Schulen, an denen der ganze Rechtschreibunterricht sich um das Training der Wörter aus dem Grundwortschatz dreht. In den Diktattexten sollen sie alle vorkommen und möglichst systematisch immer wieder auftauchen, damit sie auch gefestigt werden können. Eine Zwangsjacke! Warum das alles?

Wenn man gelehrte Artikel über die Grundwortschätze liest – komischerweise haben alle Bundesländer eigene, so beliebig sind sie – ist immer wieder die Rede davon, daß etwa die 100 häufigsten Wörter der deutschen Sprache 50% der Normaltexte abdecken. Normaltexte sind zwar keine Kindertexte, aber diese 100 Wörter sollte man doch auf jeden Fall üben, oder? Ich glaube, man kann gar nicht vermeiden, daß die Kinder sie erlernen, weil sie ihnen ja immer wieder begegnen, auch außerhalb der Schule, und sich von ganz allein einprägen.

Eine Auszählung von 800 Schüleraufsätzen soll ergeben haben, daß darin 7% der überhaupt verwendeten Wörter so oft vorkamen, daß sie 81,6% der Texte ausmachten. In absoluten Zahlen: Es waren 409 verschiedene Wörter. Sollte man daraus den unbedingt einzuübenden Grundwortschatz machen?

Mir scheint, die nächsten Zahlen sind die eigentlich aufregenden: Im Rest der Texte (18,4%) kamen 5500 verschiedene Wörter vor. Und sie waren bestimmt nicht alle falsch, sondern die meisten richtig geschrieben. Wer hat den Kindern die eigentlich beigebracht?

Wolfgang Menzel spricht in diesem Zusammenhang von *Hypothesenbildung*. Ich verstehe ihn so: Wenn ich ein Wort schreiben will, das ich schon oft geschrieben habe, gleitet es wie von selbst auf's Papier. Will ich ein neues Wort zum erstenmal schreiben, bilde ich eine Hypothese über seine Schreibweise aufgrund dessen, was ich überhaupt von Wörtern weiß. Das kann zum richtig geschriebenen Wort führen oder zu einem Fehler. Manchmal sieht dann das Wort so komisch aus, wie verkleidet. Ich denke mir, daß unser Gehirn das Wort auf dem Papier mit dem Bild desselben Wortes vergleicht, das wir schon irgendeinmal irgendwo gesehen haben. Wenn wir Glück haben, ist plötzlich das richtige Wort da und kann aufgeschrieben werden, oder wir probieren eine Variante und siehe da, sie stimmt! Sieht einfach richtig aus. Und wie froh das macht! Diese Freude erlebe ich jeden Tag mit, wenn ich bei einem Kind einen Fehler entdecke, den Finger darauf lege und abwarte. Grübeln, leichte Lippenbewegungen vielleicht – plötzlich ein Strahlen: Aha! Und ich stehe daneben und wundere mich, was das Kind im Kopf hat, ohne daß ich es ihm beigebracht habe.

Wenn wir Zeit haben, überlegen wir auch miteinander, welche schlaue Überlegung vielleicht hinter dem Fehler steckt. Ich möchte hier Wolfgang Menzel zitieren, der von *Fehlannahmen* und *kreativen Schreibirrtümern* berichtet und dann schreibt:

» Derartige Hinweise können manches dazu beitragen, viele Rechtschreibfehler der Schüler auch als Intelligenzleistungen einzuschätzen und so etwas mehr Achtung vor ihnen zu gewinnen. Andererseits dürfen wir den Prozeß der Hypothesenbildung nicht sich selbst überlassen. Auf lange Sicht gesehen würden zwar die meisten dieser Fehlannahmen falsifiziert werden, und die Schüler gelangten gleichsam von selbst allmählich zur richtigen Schreibung. Der bewußt Lernprozesse steuernde Erzieher, zumal der Deutschlehrer, hätte jedoch den sehr langwierigen Weg, über trial and error bzw. über die Falsifizierung von Hypothesen zu lernen, durch organisierte Methode abzukürzen, ja er hätte Möglichkeiten zur Verfügung zu stellen, die dazu beitragen, daß die Schüler mehr und mehr vor der Bildung falscher Hypothesen bewahrt werden. Rechtschreibunterricht darf zwar den Hypothesenbildungsprozeß nicht durch eine nur auf Eintrainieren angelegte Vermittlung verhindern („Denk nicht, sondern übe!"); er sollte aber andererseits auch alles tun, die Zahl der Fehlannahmen durch Herstellung richtiger Analogien kleinzuhalten. «

W. Menzel »Rechtschreibunterricht, Aus Fehlern lernen«

Aber *Denk nicht, sondern übe!* steht unsichtbar über dem, was in den meisten Grundschulklassen als Rechtschreibunterricht betrieben wird. Und wo die vorgefertigten Übungen Denken nahezulegen behaupten, behindern sie es doch.

Ein Arbeitsheft *Zur Ausdruckserziehung in den Jahrgangsstufen 3 und 4* mit Bildergeschichten, 1984 in der 4. Auflage. Bildergeschichten sind bei Lehrern beliebt, sie sind ein erstklassiges Gängelband.

Es wird auch eigentlich nichts ausgedrückt, keine Beobachtung, kein Erlebnis, keine Erfahrung. Eine fremde Geschichte wird wiedergegeben und wie ein Serienauto mit Sportfelgen und selbstklebenden Chromleisten verziert, damit es nach was ausschaut. Pure Angeberei! Und peinlich, weil zugleich bemüht und unehrlich. Aber für den Lehrer sehr bequem.

Die Reihenfolge der Bilder kann man verwirren; Aufgabe: Ordne den Ablauf! Die Bilder zeigen wenig; Aufgabe: Erzähle ausführlich. Die Bilder sind starr; Aufgabe: Erzähle lebendig mit Rufe- und Fragesätzen und wörtlicher Rede. Die Bilder sind fad; Aufgabe: Erzähle anschaulich, verwende treffende Tätigkeits- und Eigenschaftswörter. Die Zeichnung ist abweisend; Aufgabe: Schildere Gedanken und Gefühle der Personen. Und vor allem: Erzähle spannend – mit Einleitung, Hauptteil, Höhepunkt und Schluß!

Die Arbeitsblätter sehen hier ganz niedlich aus, im Original DIN A4 sind sie bedrückend. Damit lernt man, geschwätzig Sprachklischees aneinanderzureihen, Schund zu produzieren. Und man verlernt, zu sagen, was man sieht, denkt und fühlt. Die Methode ist eine Beleidigung für jedes Kind, das lernen möchte, sich auch schriftlich so mitzuteilen, daß es verstanden wird. Ich mag dazu nicht mehr sagen. Es stand alles schon 1910 bei Jensen und Lamszus in: *Unser Deutschaufsatz, ein verkappter Schundliterat* und 1972 in Konrad Wünsches *Die Wirklichkeit des Hauptschülers.*

Arbeit am Bild — BG 10/1

Vorarbeit

1. Betrachte die Bilder und äußere dich in der Gruppe darüber.
2. Erfinde eine zusammenhängende Geschichte. Erzähle! Führe den Zuhörer (Leser) langsam zum Höhepunkt hin! Verrate aber nicht voreilig, was geschehen wird.
3. In Bild 4 beginnt es spannend zu werden. Erzähle jetzt, was Peter hört und denkt.
4. Wähle für deine Geschichte eine treffende Überschrift. Sie darf nichts verraten, sondern soll den Leser neugierig machen.

Gestaltungsmöglichkeiten

1. Erzählkreis: Einzelne Schüler oder der Gruppensprecher erzählen eine zusammenhängende Geschichte. Welche Gruppe hat die spannendste?

2. Schriftliche Gestaltung: Wenn du die beiden Arbeitsblätter bearbeitet hast, erzähle eine lebendige, spannende Geschichte in der Ichform!

> Gestaltungsaufgabe:
> Verwende Fragesätze! Erzähle, was die Personen denken. Wähle eine Überschrift, die neugierig macht.

Arbeit am Wort — BG 10/2

Suche zu jedem Bild treffende Tätigkeitswörter!

Bild 1 für: Peter [kommt] mit seinem Schwimmreifen.

Bild 2 für: Peter [fährt] auf den See hinaus.

Bild 3 für: Die Sonne [scheint]

Bild 4 für: Die Luft [geht] heraus

Bild 5 für: Peter [geht] unter.

Bild 6 für: Der Helfer [holt] ihn heraus.

Arbeit am Satz

Beantworte die Aufgaben. Forme Sätze!

Bild 1: Peter freut sich. Schreibe 2 Erzählsätze auf.

Bild 2: Was denkt Peter?

Bild 3: Betrachte Peters Gesicht! Was fällt dir auf?

Bild 4: Plötzlich vernimmt Peter ein Geräusch? Bilde 2-3 Fragesätze!

Bild 5: Hörst du die Hilferufe? Forme Rufesätze!

Bild 6: Was sprechen die Helfer?

Arbeit an der Geschichte — BG 10/3

Deine Geschichte soll spannend werden!

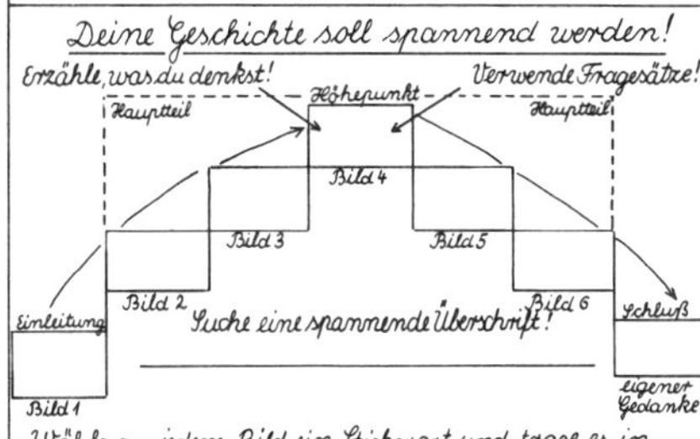

Wähle zu jedem Bild ein Stichwort und trage es in das jeweilige Kästchen ein!

Welche Sätze und Bilder gehören zusammen?

Wer packt mich da? Ich wurde von zwei Männern in ein Boot gezogen. (Bild Nr. ___)

Bald nickte ich zufrieden ein. (Bild Nr. ___) Ich fuhr erschrocken hoch. Was war das für ein Geräusch? (Bild Nr. ___)

Vergnügt hopste ich zum Strand hinunter und ließ meinen bunten Schwimmreifen in das kühle Naß gleiten. (Bild Nr. ___)

Verzweifelt versuchte ich meinen Kopf über Wasser zu halten. (Bild Nr. ___)

Ich ruderte an zwei größeren Jungen vorbei, die lachend Ball spielten. (Bild Nr. ___)

Mein Schlußgedanke:

Was ein Kind von Haus aus kann, was ihm genommen wird mit Ausdruckserziehung, die nicht zuhört, sondern vorschreibt, zeigt die Geschichte von Jan. Als er gerade verstanden hatte, wie man schreibt, wie man aus Buchstaben Wörter, aus Wörtern Sätze, aus Sätzen eine Geschichte entstehen lassen kann, hat er sie geschrieben, gesetzt und gedruckt. »Da steht Mama, da steht Mutter!« habe ich, die Lehrerin, zu ihm gesagt. »Das will ich so!« war seine Antwort, und meine Idee, er müsse sich entscheiden, lächerlich. Jans Geschichte verdient es, in Originalgröße hier gezeigt zu werden. Sie hat mehr Gewicht als ganze Stapel von Arbeitsblättern mit ihren Aufgaben, die zwingen, mit Krükken zu gehen, wo man rennen, schwimmen und fliegen könnte.

Angela, Lehrerin in der ersten Klasse, hat mir von einer Geschichte erzählt, in der stand: *Es blutete. Es blutete.* Sie meinte, das sei eine versehentliche Wiederholung. Aber sie zeigte dem Mädchen, das die Geschichte geschrieben hatte, die Stelle, bevor sie etwas wegstrich. Es legte den Kopf schief, zögerte, und sagte dann: »Da fehlt und.« *Es blutete und blutete* – so kann man sagen, wenn es sehr stark blutet.

Mama ging mit

Kindchen spazieren.

Kindchen sah eine

Blumenvase und

schmiß sie um.

Mutter schimpfte.

Ende Jan

Lange habe ich mich fast geschämt, wenn ich didaktische Anweisungen las und dabei meine Gedanken erlöschen fühlte. Es war oft so, als hätte mir jemand das Hirn mit zähem Schleim vollgepumpt. Ich kann das Zeug nicht lesen, sogenannte »Stundenbilder« machen mich depressiv, leblos. Aber natürlich trete ich meiner Klasse auch mit Erwartungen gegenüber. Wenn mir selbst nicht bewußte Erwartungen enttäuscht werden, werde ich merkwürdig lustlos oder auch grantig. Da hilft, wenn es gut geht, eine klare Grenze zwischen mir und den Kindern. Sie können ihre Absichten ausführen, ohne sich von mir verwirren zu lassen.

Ein Beispiel: Felix, unsere Farbmaus, ist während des Unterrichts aus dem Käfig entkommen. Es war alles sehr aufregend, bis wir sie wieder gefangen hatten. Noch am selben Tag wurde aufgeschrieben, was wir erlebt hatten, so konnte jedes Kind sich äußern. Als ich die ersten Aufsätze gelesen hatte, schien mir, keiner erzählte richtig, was gewesen war, aber ich wußte nicht, was ich tun sollte, saß mutlos herum und wartete auf Besseres. Aber mehr und mehr wurde klar, daß jedes Kind anders, auf seine Weise, erzählte – weil es das Ganze aus einem anderen Blickwinkel, anderer Entfernung und innerer Beteiligung erlebt hatte, und weil jedes sich anders ausdrückt. Es lohnt sich, alle 24 Variationen des Mäuseabenteuers zu lesen. Hier ist eine Kostprobe.

Sinu 30. 4.1985

Uns ist eine Maus ausgerissen

Die Marie hat hat gesehen, wie eine Farbmaus beim runden Tisch herumgekrabbelt ist. Sie ist zum Tisch von der Ute geflitzt. Ich habe den Felix beim Schreiben in der Druckecke gesehen. Wir haben den Felix beim Waschbecken gesehen. Wir haben eine Dose aufgestellt mit Unkrautsamen. Wir haben gewartet, dann hat es geknispelt: Die Maus war in der Falle!

Uns ist eine Maus entlaufen

Bei uns ist eine Maus entlaufen. Das war vielleicht was! Aber es war auch interessant. Wißt ihr eigentlich, wie die Maus heißt? Felix! Ja, es war Felix. Dieser Schlawiner ist einfach ausgebrochen. Na ja, es war ja interesant. Die Ute hätte die Maus so gerne gefangen, aber sie war so flink. Deshalb war es ja so toll.

Melanie

Eine Maus hatte Urlaub

Der Felix (eine Farbmaus) hat sich am 29.4.'85 Urlaub genehmigt. Die Marie hat sie beim Wandern entdeckt. Große Stimmung zog in alle Herzen, die Ute hat's am meisten gepackt. Mit einer Schachtel hat die Ute die Maus gefangen.

Kirja

Bettina
Der schmusekater
in den ferien habe
ich mit dem Julian
den schmusekater
ins Bett gelegt
und nach fünf
stunden lag er noch
imer so da wie
wirinhingelgt haben
das war eben der
schmusekater.

TAGEBUCH SCHREIBEN

Ihr habt seit ein paar Tagen ein dickes Heft mit schwarzem Deckel als Tagebuch. Ich habe euch erklärt, was das ist, daß man da hinein schreiben kann, was man erlebt hat und sich denkt und was man behalten möchte, um es später wieder zu lesen und sich daran zu erinnern - da wolltet ihr gleich losschreiben. Und natürlich habe ich es erlaubt.

Eure Bedingung: Ich darf nichts korrigieren, auf keinen Fall soll in dem Heft Rotstift zu sehen sein. Und Kirja wollte sowieso seine Fehler behalten, um später sehen zu können, wie falsch er die Wörter einmal geschrieben hat. - Also kein Rotstift!

Aber ich habe ein Heft bei mir auf dem Schreibtisch, in dem jeder, der ein Wort richtig schreiben möchte und nicht weiß, wie es zu buchstabieren ist, dieses Wort aufschreiben kann. Dann schau ich es mir an, nicke oder verbessere es. Oft sagt ihr dann: "Das habe ich mir gedacht!"

Meine Bedingung: Ich möchte, daß ihr versucht, soviel wie möglich richtig zu schreiben und auch Punkte zu setzen, wenn ein Gedanke zu Ende ist. Der nächste Satz muß dann mit einem großen Buchstaben anfangen. Ich hoffe, daß ihr mit der Zeit immer mehr richtig macht und immer leichter formulieren könnt, was ihr wirklich denkt und aufschreiben wollt.

Um zu sehen, wie ihr eure Sache macht, um euch loben zu können oder auch Tips zu geben, was anders und besser zu machen wäre, lese ich eure Eintragungen ins Tagebuch. Es gibt viel zu loben! Einer nach dem andern bekommt ein Gefühl dafür, wo ein Punkt hingehört. Und einer nach dem andern wird so sicher, daß er die gewöhnlichen Wörter richtig schreibt und bei den andern merkt, was er nicht weiß und erfragen muß. Ich bin jedesmal sehr zufrieden, wenn ich eure Tagebücher gelesen habe!

Vor allem freue ich mich über das, was ihr da erzählt. Ich erfahre sonst viel zu wenig von dem, was euch beschäftigt und was ihr erlebt habt. Immer habe ich einen Plan, was gelernt werden soll, und der drängt. Und immer, wenn ihr zu mir kommt und etwas erzählen wollt, ist mindestens noch ein anderes Kind in der Nähe und will auch drankommen. Und der Rest der Klasse macht vielleicht Unsinn, und ich kann nicht richtig zuhören. Meine Aufmerksamkeit ist geteilt und gehört nie einem Kind allein. Das enttäuscht euch sicher und tut manchmal weh. Und mich macht es auch traurig.

Aber wenn ich eure Tagebücher lese, dann bin ich allein, dann habe ich Muße, langsam zu lesen und mir alles vorzustellen. Dann bin ich immer nur für ein Kind auf einmal da. Manchmal muß ich beim Lesen lächeln, manchmal staune ich, manchmal lasse ich das Heft sinken und denke über das, was ihr erlebt habt, ein Weilchen nach. - Ich bin sehr froh, daß ihr so schöne Tagebücher schreibt. Und ich bin dankbar, daß ich sie lesen darf. - Ich werde eure Tagebücher hüten, solange ihr bei mir zur Schule geht. Und am Ende werde ich sie euch mit heimgeben, damit ihr sie für immer und alle Zeit gut aufbewahrt.

Dieser komplizierte Text über das Tagebuchschreiben – überfordert er die Kinder? Sie sind etwas mehr als ein Jahr in der Schule, als ich ihn für sie schreibe. Was verstehen sie, wenn sie ihn lesen? Kann man das Nötige nicht einfacher sagen?

Wenn ich dasselbe einfacher sage, es mehr dem anpasse, was ich über die Grenzen ihres Begreifens zu wissen glaube, wenn ich kindertümlich schreibe, kann ich nicht wahrhaftig sein. Dieser komplizierte Brief ist zudem ihrer eigenen komplizierten Erfahrung mit dem Tagebuchschreiben angemessen. Er entspricht in seinem Ernst der Bedeutung, die ihre Tagebücher für sie haben, und er gibt ihnen offiziell im Rahmen der Schule Gewicht. Gleichzeitig ist der Brief auch eine Mahnung an mich, die Tagebücher wirklich immer so ernst zu nehmen.

Ich habe diesen Text den Kindern in ihr großes Sachheft geklebt. Sie waren ein paar Wochen vorher begeistert ans Tagebuchschreiben gegangen. Dann war bei einigen Kindern der Wunsch laut geworden, ich sollte es nicht lesen, niemand sollte es lesen, sonst sei es kein richtiges Tagebuch. Das mochte ich nicht zugeben, weil das Ganze ja Teil meines Deutschunterrichts ist. Außerdem fürchtete ich, ohne einen Leser und auch ohne die Aufforderung, zu einer bestimmten Zeit etwas in das Tagebuch zu schreiben, würden viele Kinder der Anstrengung bald müde werden. Manche Gespräche waren geprägt von der Aggressivität einiger Kinder, die am liebsten gar keine Einmischung von Erwachsenen in ihr Leben dulden möchten – jedenfalls tun sie manchmal so. Ich habe ihnen gesagt, daß ein Tagebuch in der Schule nur eins sein kann, das der Lehrer liest, zu Hause könne man noch ein privateres führen – was inzwischen einige Kinder tun. Genau genommen hat mich der Wunsch, mir das Tagebuch vorzuenthalten, gekränkt. Der Brief ist ein Versöhnungsangebot, nach langem Nachdenken spät nachts geschrieben.

Es wird eine Hausaufgabe, ihn durchzulesen und darüber nachzudenken. Dann soll jeder die zwei Sätze herausschreiben, die ihm am wichtigsten sind.

Am nächsten Morgen sitzen wir miteinander im Kreis. »War das zu schwer zu lesen?« Allgemeines Kopfschütteln. – »Möchte einer etwas dazu sagen?« – »Als ich das gelesen hab, da ist mir fast mein Herz zerbrochen!« Julia sagt das. »Mein Gott, Julchen, warum denn?« Ich habe einen Kloß im Hals. – »Weil du darüber nachdenkst!« Und die andern Kinder nicken und sind ganz ernst geworden. Dann hören wir ringsum von jedem Kind, welches *seine* wichtigen Sätze sind.

Als Sinu aus seinem Heft vorliest, erfahre ich zum erstenmal, daß auch er, der sich niemals vordrängt, immer aufmerksam bei der Sache, aber stets bescheiden ist, möchte, daß ich mehr auf ihn achte, mehr Zeit für ihn allein hätte. Ich habe jetzt kein schlechtes Gewissen, weil ich ihn etwa vernachlässigt hätte. Aber ich bin traurig, weil ich plötzlich wieder weiß, wie schmerzlich es ist, in der Klasse immer nur eins von vielen Kindern zu sein. Wie gut, daß ich ihnen nun einmal gesagt habe, daß ich ihren Schmerz kenne, daß auch ich dem Einzelnen gerne allein begegne. So können wir uns mit der Wirklichkeit versöhnen, traurig zwar, doch ohne Groll.

Diese Tagebücher sind immer wieder eine Prüfung für uns. Es geht nicht alles so glatt, wie es in dem Brief scheint. Da regt sich Unlust und Überdruß am Schreibenmüssen bei den Kindern und Ungeduld angesichts von Schmiererei und zuviel Fehlern bei mir. Einmal greife ich ein und fahre mit dem Rotstift in ein paar allzu wüste Einträge, nachdem

Ich darf nichts korrigieren, auf keinen Fall soll in dem Heft ~~Rotsch~~ Rotstift zu sehen sein.
Dann schau ich es mir an, nicke oder verbessere es.

Marie

Und Kirja wollte sowieso seine Fehler behalten, um später sehen zu kön= nen, wie falsch er die Wör= ter einmal geschrieben hat.
Es gibt viel zu loben!

Kirja

Meine Aufmerksamkeit ist geteilt
und gehört nie einem Kind
allein. Das enttäuscht euch
sicher und tut manchmal
weh. Linu

Und am Ende werde ich sie euch
mit heimgeben, damit ihr sie für
immer und alle Zeit gut aufbewahrt
Ich bin sehr froh daß ihr so schöne
Tagebücher schreibt.

Philipp

mehrfache Mahnungen zur Sorgfalt nichts gefruchtet haben. Natürlich wird mir der Regelverstoß schwer angekreidet, aber ich begründe ihn damit, daß Schmiererei auch ein Regelverstoß sei.

Unsere Abmachung hält mich so lange zurück, bis ich nachgedacht habe: Ist etwas, was mich befremdet, wirklich ein Versehen oder der Ausdruck von Überlegungen, Gefühlen, die sich in der konventionellen Schreibweise nicht ausdrücken lassen? Weiß der Schreiber nicht, wie man etwas *richtig* schreibt oder ist es ihm gleichgültig oder auch nebensächlich, weil ein starkes Gefühl, eine schwierige Überlegung alle Aufmerksamkeit gebunden hat?

Manchmal frage ich: »Soll ich dir zeigen, wo Fehler stecken, Rechtschreibfehler?« Ein Kind sagt mir entschieden: »Nein!« Ein anderes will es wissen und bessert dann aus. Ein drittes schreibt die Korrektur klein über das Originalwort. Ein viertes hört sich alles an, tut dann aber nichts. Alle vier kann ich verstehen, alle vier lasse ich gewähren – was sie natürlich bestätigt.

Nur wenn ein Kind hartnäckig der Anstrengung, sich um Richtigkeit der Schreibweise zu bemühen, ausweicht, muß ich eingreifen. Aber grad im Tagebuch? Wem von uns würde nicht die Zunge schwer, wenn er von sich reden sollte und wüßte, Wortwahl, Betonung und Sprechgenauigkeit würden anschließend kritisiert und berichtigt.

Einige der Dokumente in diesem Buch verdanke ich der Tatsache, daß die Kinder ihr Tagebuch als ein Medium des wirklich eigenen Ausdrucks angenommen und entwickelt haben, daß sie dort die Freiheit haben, etwas zu zeigen, was ich gar nicht erwartet habe und was man nur ohne Gängelung sich selbst allmählich klarmachen kann.

»Ich glaube, heute versuche ich auch mal, Kommas zu setzen!« sagt Effi eines Tages, und dann versucht sie es. Und Jan fängt irgendwann an, mit Gedankenstrichen zu arbeiten und wörtliche Rede zu benutzen. Als ich das erstemal bei Kirja auf Einfügungen in Klammern treffe, muß ich zweimal lesen, um zu verstehen – dann weiß ich: Was er sagen wollte, war ohne die Klammern nicht so gut möglich.

Der Gedanke, in der Schule ein persönliches Tagebuch zu schreiben, das der Lehrer liest, ist zunächst widersinnig. Aber ich erfahre aus den Tagebüchern so viel von den Kindern, was mir sonst verborgen bliebe, was mein Ohr schärft, mir das Herz wärmt und meine Liebe nährt, was meine Ichbefangenheit lockert und meine Herrschsucht zügelt. Ich kann es verantworten, ihre Tagebücher lesen zu wollen. Die Tagebuchseiten in diesem Buch durfte ich abdrucken lassen. Die Kinder haben es mir erlaubt.

Meine Katze ist Tod.
Das hat mich betrübd. Ich kann nicht mhr Schön schreiben. Ich bin sehr Traurig. Ich bin mit dem Peppi aufghwaxen. Machmal bette Ich und sage lieber Gott warum ist er über die Strase gegangen. Dann bin ich Traurig. Der Peppi ist unser erstes Tier. Wenn ich sehr Trarig bin komen mir Trenen in das Gehsicht. Wenn ich die Fotos sehe bin ich auch Traurig. Immer wenn ich an den Peppi tenngeh bin ich Traurig.

Ein Religionsheft fällt mir in die Hände, ohne Namen. Da war wohl mal ein Plastikumschlag drum. Ein Heft voller Einträge, immer Text und Bild zusammen. Auf der ersten Seite, also am Beginn des Schuljahres, ein Pferd auf grüner Wiese. Ich habe schon vielen Kindern zugeschaut, wie sie über Wochen und Monate versucht haben, herauszufinden, *wie ein Pferd geht.* Diese erste Seite sieht aus, als habe sich der Schöpfer sehr geplagt und sei am Ende stolz gewesen. Das Pferd hat Hufe und ein zweifarbiges Fell, ein richtiger Schecke. Hoch über dem Pferd steht in Schönschrift: »Gott hat für uns die Welt schön gemacht.« Ein Stundenergebnis, dem der Zeichner offenbar gerecht werden wollte. Rechts über dem Text eine Sonne, links ein Stückchen Sternenhimmel, das Blau sorgfältig um die Buchstaben herumgemalt. Das ist sehr überlegt, kunstvoll, eben schön. Und unten auf der Seite steht rot in strenger Lehrerschrift: »Du sollst etwas mehr zeichnen!« Im ganzen Heft kein einziges Lob, nur noch ein paar Rotstiftkorrekturen.

Manchmal beneide ich die Kollegen, die meinen Kindern Religion geben, um ihre großen Themen und die Zeit, die sie zur Verfügung haben, um mit den Kindern in Ruhe zu sprechen. Für viele Kinder ist Religion am Anfang ein Lieblingsfach. Was sie dort erfahren, nehmen sie sehr ernst. Peter saß in den Wochen vor Ostern nach der Religionsstunde auf dem Boden und betrachtete, statt an die Tafel zu schauen oder mit den andern Kindern Blödsinn zu machen, das Kruzifix, das über der Tafel hängt. Er war ganz versunken in seine ernsten Gedanken. »Weißt du, daß der Jesus wieder

Gott
hat für uns die Welt
schön gemacht.

Du sollst etwas mehr zeichnen!

aufgestanden ist?« hat er mich später gefragt, wie einer, den diese Nachricht innerlich ganz verwandelt hat.

Aber die großen Themen sind auch gefährlich. Wird der Unterricht ihnen nicht gerecht, ist die Nächstenliebe des Lehrers, seine Ehrfurcht gegenüber den Menschen, die vor ihm sitzen, nur schwach, dann kann es schnell passieren, daß die Kinder ihn und den ganzen Religionsunterricht ablehnen. Womöglich werden sie sogar zynisch gegenüber seinen Themen, die er zu klein gehandelt, selbst zu wenig ernstgenommen hat.

Moni klagt über ihre Religionslehrerin: »Sie ist so streng. Immer meckert sie rum. Neulich sollten wir malen, wie Jesus sagt, die Kinder sollen zu ihm kommen. Ich hab ganz viele gemalt. Und sie hat auf mein Heft geguckt und gesagt: ›Das sind viel zuviel!‹ – Soll sie doch froh sein, daß ich so viele gemalt habe!«

Viele Kinder in meinen Klassen der letzten Jahre waren konfessionslos. Immer habe ich den Eltern empfohlen, sie in den Religionsunterricht zu schicken. Ein Grund dafür ist, daß die Kenntnis der Biblischen Geschichte vielfach für das Verständnis unserer Literatur nötig ist. Die Kinder haben kaum gewußt, daß sie nicht so selbstverständlich wie die anderen in den Religionsunterricht gehören.

Ist die Teilung schon der Erstkläßler in evangelische und katholische Kinder für den Religionsunterricht christlich? Die meisten Kinder, die ich erlebe, wissen von Haus aus nicht einmal, ob sie evangelisch oder katholisch sind, wissen auch im zweiten Schuljahr eher, bei wem sie Unterricht haben, als welcher Konfession sie angehören. Wenn sie zum erstenmal getrennt werden, gibt es meistens Tränen, weil sie nicht verstehen, was geschieht und warum.

Man kann Grundschülern auch nicht erklären, warum sie am Anfang und Ende des Schuljahres in zwei verschiedene Kirchen zum Gottesdienst gehen müssen, wo doch Anlaß wäre zu einer gemeinsamen Feier. Wollen sie es genau wissen, muß man bald verlegen schweigen. Oder soll man ihnen sagen, sie müßten sich hier und heute in die Regeln einer uralten Feindschaft fügen und darum getrennt singen und die Hände falten?

Seit ein paar Jahren gibt es Ethikunterricht für die Kinder, die nicht am Religionsunterricht teilnehmen wollen. Das dreht sich aber schnell so, daß konfessionslose Kinder aus dem Religionsunterricht verstoßen werden, um die Ethik-Gruppe aufzufüllen, für die eine Mindestschülerzahl vorgeschrieben ist. Da muß man dann womöglich extra am Nachmittag in die Schule kommen, weil in diesen Gruppen Kinder aus mehreren Klassen gemeinsam unterrichtet werden und am Vormittag nicht alle gleichzeitig Zeit haben. Oder Bekenntnislose müssen in eine fremde Schule gehen, um dort mit Menschen, die ihnen fremd sind, über Dinge zu reden, die ihr Leben tief berühren. Eine Strafe, womöglich auch für den Lehrer, der unter solchen Bedingungen unterrichten muß.

Lasset die Kindlein zu mir kommen – das war doch ganz anders gemeint.

Zum Arbeitsblatt zum Deutschunterricht in der Adventszeit (auf der nächsten Seite, im Original doppelt so groß und doppelt so scheußlich) möchte ich nicht mehr sagen, als daß ich es zynisch finde. So geht man nicht mit Dingen um, die den Kindern lieb und wert sind! Man darf sie nicht zwingen, mitzumachen, wenn auf diese Weise etwas verhunzt wird, wovor sie Ehrfurcht haben! Auch nicht, wenn man als Lehrer Weihnachten haßt; das ist Privatsache.

Begegnungen, die uns nicht verändern, ermüden unsere Moral. Die Kinder begegnen in der Schule vielen großen Gedanken, ohne daß eine Konsequenz für ihr Leben gefordert, erwünscht, erlaubt wäre. Dabei sagt jedes große Stück Literatur: Du mußt dein Leben ändern. Aber die Lehrer, die als Agenten des Stücks auftreten, sind oft gar nicht davon berührt. Sie wollen auch nicht, daß ihre Schüler betroffener als sie selbst reagieren, sie würden ja durch deren größere Offenheit, Ernsthaftigkeit, Moralität selbst ins Unrecht gesetzt.

Lukas kommt zu mir und fragt: »Stimmt das, daß man ein Vampir ist, wenn man nicht getauft ist? Die andern sagen das.« Er lacht dazu, aber ganz geheuer ist ihm offenbar nicht.

(3) Viele Päckchen – welche Wörter sind verpackt?

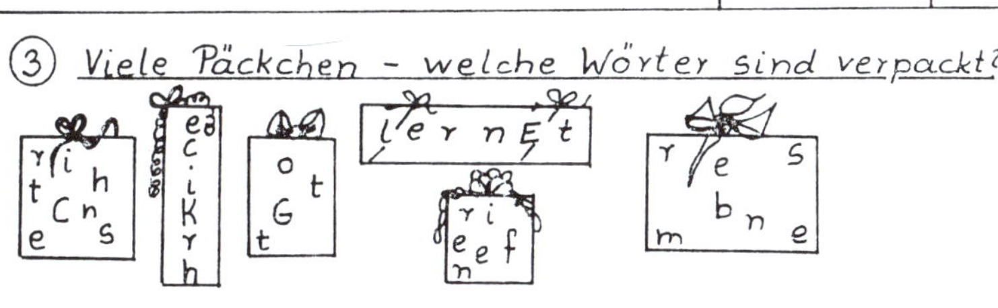

(4) Die Kerzen brennen ab – erkennst du noch die Wörter? Bilde mit jedem Wort auf dem Block einen Satz!

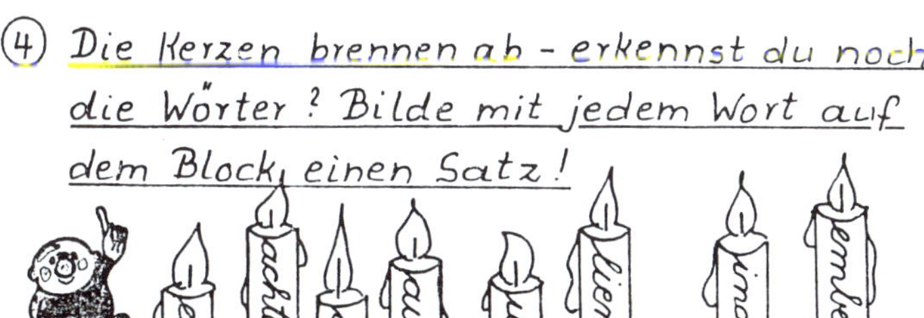

(5) Suche Wörter zur Wortfamilie „Christ"!

(6) Bilde auf dem Block drei Sätze mit „des"!

(7) Ein Geschenkband voller Wörter! Schreibe die Sätze richtig auf den Block!

Vielefamilienbeginnendasfestinderkirche
wosiegottdankenzuhausekönnendie
elterndiekinderkaumnochbremsen

21.1.85

DER GOTTESBRUDER

Im WINTER an einem SEE, war vor vielen JAHREN ein armer MANN, und angelte. ARMJUS, so hieß der MANN. Es war ein BRUDER von GOTT.

Sonnengott

Geschlossene Wände

Mein Arzt erzählt mir: »Bei einem Kongreß habe ich vor einiger Zeit einen Architekten aus der Schweiz gehört. Er hat vor Jahren in Amerika eine hypermoderne Schule besichtigt, die keine Fenster hatte. Alles im Innern war nach Erkenntnissen der Lernpsychologie eingerichtet. Die Kinder sollten nicht durch das Draußen abgelenkt werden. Neben die Schule hat man dann ein Therapiezentrum gebaut.

Er war so entsetzt über die Unnatürlichkeit dieser Schule, daß er es durchsetzte, daheim in der Schweiz Schulen nach seinen eigenen Ideen bauen zu dürfen: Die Wände der Klassenzimmer sind ähnlich wie die von Felsenhöhlen lebendig strukturiert. Alle Räume liegen zu ebener Erde. Jeder Raum hat eine Wand ganz aus Glas, durch die man mit dem Wald draußen verbunden ist. Die ganze Schule hat Fußbodenheizung und auf dem Boden liegt Kies. Schüler und Lehrer laufen in der Schule barfuß. Der Unterricht ist nicht besonders ausgedacht, aber er kann nie sehr schlimm werden, weil dann die Unruhe wächst, das hört man bei dem Kies. Kinder und Lehrer haben kaum Haltungsschäden.«

Ich habe weder die fensterlose Schule in Amerika noch die barfußlaufenden Lehrer in der Schweiz mit eigenen Augen gesehen. Zweifeln an der Wahrheit der Geschichte muß ich damit begegnen, daß ich sage: Selbst wenn das alles erfunden ist, ist es wahr, weil es möglich ist. Die fensterlose Schule ist ein Symbol für den Wahn, man könne Kinder in eine wissenschaftlich begründete und vollkommen kontrollierte Umwelt bringen, sie würden dort lernen und gedeihen. Die Barfüßerschule symbolisiert die Möglichkeit, durch Rückbesinnung auf die dem Menschen ursprünglich natürliche Lebensweise die Schule für Kinder und Lehrer gesünder zu machen.

Ein Alptraum, der mich immer wieder heimsucht: Ich komme in die Schule, suche mein Klassenzimmer und muß feststellen: Es ist nicht mehr meins, man hat mir einen anderen Raum zugewiesen. Wer? Irgendeine übergeordnete Instanz ohne Gesicht, ohne Interesse für mich und meine Arbeit. Sie zeigt sich nicht und ist nicht zu sprechen.

Einmal weist man mir eine Art Garage mit trapezförmigem Grundriß zu, einmal einen kleinen Raum mit ansteigenden Sitzreihen ohne die mindeste Bewegungsfreiheit. Ich möchte den Raum weiten, die Wände auseinanderdrängen, damit wir – die Kinder und ich – so arbeiten, lernen könnten, wie wir es gewöhnt sind. Aber der Raum bleibt starr, erlaubt nur Zusammengesperrtsein, kaum gemeinsame Arbeit. Ein Raum hat eine so kleine Tür, daß ich mich bücken muß, um hineinzukommen. Als dann die Rektorin erscheint, bei der Tür steht und meint, es sei doch alles in Ordnung, versuche ich, sie umzubringen.

Ich habe seit Jahren das Glück, in alten Schulhäusern mit den Kindern große Klassenzimmer zu bewohnen. Das ist ein Privileg. In manchen modernen Schulen ist nicht einmal Platz für eine Leseecke in der Klasse, weil zu der Zeit, als die neuen Schulhäuser gebaut wurden, für die Zukunft geplant wurde. Jedenfalls sagte uns 1968 der Leiter einer ganz neuen Schule, die sich wie der Traum eines Architekten flach an einen Hügel schmiegte, die Zimmer seien so klein, weil man davon ausginge, in ein paar Jahren nur noch bis zu 20 Kindern in einer Klasse zu haben. Wann? Und warum bis dahin so enge Käfige?

Es ist bedrückend, in einem neuen Schulhaus zu sitzen, das für furchtbar viel Geld an den Bedürfnissen der Kinder und der Lehrer vorbeigebaut wurde. Vor allem, wenn man das

Haus dann nicht nutzen darf, sondern schonen muß, nichts an die Wand hängen, nicht mit Plastilin kneten, mit Wachsstiften malen darf, weil Hausmeister und Putzfrau das nicht erlauben. Ich sah neulich die ganze liebevoll ausgedachte Sitzordnung in meinem Klassenzimmer bedroht durch den Heizer, der verlangte, es dürfe nichts vor den Heizkörpern stehen. Heizungen müßten für ihn frei zugänglich sein.

Es gibt keine Bestimmungen, die Baustellenlärm am Vormittag neben der Schule verbieten. Drei Wochen lang wurde direkt vor unserem Fenster ein Gebäude abgerissen, mit Preßlufthämmern und Bulldozern. Jetzt arbeiten seit vielen Wochen die Bauarbeiter in einem Kellerraum unter der Kirche schräg gegenüber. Der Kompressor, den sie da laufen lassen, erzeugt ein Dröhnen, das man in der Brust spürt, im Kopf, in den Knochen.

Heute nachmittag war ich in der Schule, um für den nächsten Vormittag einiges herzurichten, und fand ein Chaos vor. Eine Firma, die die Wandtafeln neu beschichten soll, hat meine Tafel abgeholt und alles, was im Wege stand, beiseitegeschoben. Ein Regal ist zusammengebrochen, die Hefte der Kinder liegen durcheinander am Boden, verknickt, verdreckt. Auf meinem Schreibtisch liegt bunte Kreide, mitten auf mir wichtigen Papieren. Die Kreide ist zerdrückt. Ich kann es nicht fassen. Niemand hat mir gesagt, daß ich die Tafel freiräumen sollte. Die Firma hat sich erst mittags beim Hausmeister angesagt. Als ich die Übeltäter zur Rede stelle, meint der Verantwortliche, ich sei doch nicht der Rektor, und überhaupt müsse eine Tafel ringsum so frei gehalten werden, daß sie jederzeit dran könnten. Am nächsten Tag meint Alessandra: »Wir gehen doch auch nicht zu denen ins Wohnzimmer und schmeißen ihre Stühle um!«

Vor einer Woche hat ein Trupp der Stadtgärtnerei, die für die Pflege der Pflanzungen auf den Schulhöfen zuständig ist, rings um unseren selbstangelegten Teich gejätet und alles mögliche rausgerissen, was wir gepflanzt haben. An einer anderen Schule hat so ein Trupp die Kartoffelpflanzen weggeräumt, die Kinder mit ihrer Lehrerin in einem toten Winkel des Schulhofs gepflanzt hatten. Schulgartenarbeit – dafür braucht man vor allem einen hohen Zaun gegen die Abgesandten der Stadtgärtnerei.

Wenn bei uns die Fensterputzer kommen, irgendwann, wenn wir nicht in der Klasse sind, ohne Ankündigung, sieht es hinterher aus, als hätte jemand einen Großputz angefangen und sei mittendrin abgehauen. Die Pflanzen vor den Fenstern stehen irgendwo, auf Tischen, auf dem Boden, auf meinem Schreibtisch. Alles, was im Weg stand, Regale, Sofa, Lehrertisch sind verschoben. Die Fenster blitzen, aber die Fensterbretter sind nicht abgewischt. Die Stadt bezahlt die Fensterputzer, damit sie unsere Fenster pflegen. Sie putzen im Akkord und wissen nichts mehr davon, für wen sie das tun. Gibt es keine kinderlieben Fensterputzer? Könnte nicht seltener, dafür rücksichtsvoller geputzt werden? Bruno Bettelheim berichtet, daß in seiner Schule für schwerstgestörte Kinder alles Personal bis zum Gärtner verpflichtet war, die pädagogischen und psychologischen Notwendigkeiten für die Kinder zu achten. Achtung für Kinder erst, wenn sie krank sind?

Wenn wir mittendrin im Unterricht sind, kann es passieren, das durch den Lautsprecher eine Durchsage kommt, die uns alle die Köpfe heben läßt, und meistens muß man sich sagen: »Verdammt! War's das nun wert, alles zu zerreißen, was gerade bei mir ausgespannt war?« Mädchen, die heute im

Gymnasium sind, haben mir neulich erzählt: »Bei uns kommt oft gegen Ende der Stunde eine Durchsage der Sekretärin, daß der und der ins Sekretariat kommen solle. Oder sie sagt ›Der Fahrer des PKW Nr. sowieso wird gebeten, seinen Wagen beiseite zu fahren.‹ Die Schüler kommen ja auch zum Teil mit dem Auto.« Selbst wenn derlei nicht oft geschieht und manchmal sogar nötig ist, jedesmal bleibt es ein Einbruch in den Unterricht, der die Kinder, die Lehrer und ihre gemeinsame Arbeit mit Verachtung straft.

Wer über den Schullautsprecher verfügen kann, hat Macht über alle andern im Haus. Er kann mit einer Durchsage, wie läppisch sie auch sein mag, alles, was die andern tun, stören und herabsetzen. Wenn ein Schulpolitiker dafür einträte, daß die Benutzung des Lautsprechers auf wirkliche Notfälle zu beschränken sei und Mißbräuche disziplinarrechtlich verfolgt werden sollten, etwa wie das Zuspätkommen eines Lehrers, dann könnte ich ihm glauben, daß er es ernst meint mit der sogenannten Werterziehung.

Ich habe dieses Kapitel mit einem Alptraum angefangen, der mir selber weit entfernt schien von meiner Tageswirklichkeit. Mein Klassenzimmer ist groß und hell und voller Leben. Man fühlt sich dort wohl und geborgen. Aber diese Geborgenheit ist ständig bedroht. Kein Klassenzimmer hat wirklich feste Wände. Jeder Hausmeister, Fensterputzer, Maler, Bauarbeiter kann dort einbrechen.

Viele Rektoren, Seminarleiter und Schulräte führen sich auf wie Herrscher, wenn sie ein Klassenzimmer betreten, glauben, mit einem Blick alles Wichtige gesehen zu haben. Takt ist Glücksache, keine Dienstpflicht. Wir müssen endlich anfangen, dafür einzutreten, daß segensreiche Arbeit in der

Schule Intimität verlangt, daß Einfühlung, Geduld und Verständnis sich in Ruhe am besten und oft nur dann entfalten können. Lehrer brauchen Schutz für ihre eigentliche Arbeit, Respekt vor dem, was sich zwischen ihnen und den Kindern regt, was niemand sehen oder messen kann, was aber jeder spürt als Glück in der intimen Atmosphäre eines gelungenen Unterrichtstages in den eigenen vier Wänden einer Klasse. Jeder, der ein Klassenzimmer betreten möchte, sollte um Erlaubnis fragen, die Kinder und die Lehrer, und sich dann dort taktvoll benehmen wie ein Gast oder wie jemand, der gekommen ist, um zu helfen.

Vor ein paar Jahren habe ich den Juristen eines großen Lehrerverbandes, der dafür bezahlt wird, die Belange der Lehrer zu vertreten, vor einer großen Versammlung von Kollegen sagen hören: »Ihre Pflicht zum Dienstgeheimnis verbietet Ihnen, zu jemandem außerhalb der Schule irgend etwas verlauten zu lassen über Dinge, die man nicht von außen sehen kann.

Sie dürfen nicht einmal preisgeben, wieviel Kinder in einer Klasse sitzen.«

Ich nehme an, daß er damit nicht oder nicht mehr recht hat. Aber das Dienstgeheimnis gibt es. Und wie sehr die Zustände in Schulen auch zum Himmel schreien, die Lehrer sind gehalten, nichts Konkretes nach außen dringen zu lassen, sie haben eventuelle Mißstände zu decken. Dafür wird ihnen auch Deckung versprochen für den Fall, daß sie selber von außen her angegriffen werden.

So kann im Schutz der Feigheit die Willkür gedeihen und um die Schulen wächst eine dichte Hecke aus Beschönigungen, Gerüchten und Mißtrauen.

Eine Kollegin hat mir ihr Herz ausgeschüttet. Ich erzähle ihre Geschichte mit meinen Worten:

» Zwei Jahre lang waren wir an jedem Schultag beieinander, für die Kinder die ersten beiden Schuljahre. Ende Juli müssen wir uns trennen. Seit Februar etwa liegt manchmal Wehmut über der schönen Gemeinsamkeit. Die Kinder sagen mir, sie wollten doch lieber wieder in die erste Klasse gehen im neuen Schuljahr, sprechen vom Neid auf jüngere Geschwister, die dann zu mir kommen werden, kündigen ihren Besuch für die Pausen an und lassen sich von mir versprechen, daß wir uns immer mal wieder begegnen werden, auf der Straße oder im Schulhausgang, bei Festen und wenn ihre neue Lehrerin krank sein wird und ich sie vertreten komme.

Mir wird schärfer bewußt, was ich täglich von den Kindern empfange, wieviel Liebe und Freundlichkeit, Vertrauen und Verständnis, wie sie mir helfen, mir entgegenkommen, meine Gaben bereitwillig annehmen, sich gerne lenken und auch etwas zumuten lassen. Und dann die Sorge um die Schwachen: Wird meine Nachfolgerin ihnen gerne unter die Arme greifen, das Verborgene in ihnen erkennen, sie annehmen und herausfordern, wie sie es brauchen? Man erkennt sie ja nicht sofort, weiß nicht gleich, wie man ihnen richtig begegnet.

Froh bin ich, als sich Monate vor Schulschluß ergibt, daß Frau K. meine Klasse übernehmen wird. Sie ist in vielem ganz anders als ich, auch ihr Unterricht ist anders als meiner, aber sie schätzt meine Arbeit. Sie wird nicht versuchen – was ich auch schon erlebt habe – meinen Kindern zu beweisen, daß sie bei mir nichts gelernt haben, wie früher einmal eine

Kollegin an einer weiterführenden Schule, die mich gar nicht persönlich kannte, aber Vorurteile über mich hatte.

Diesmal habe ich Glück! Den ganzen Sommer über bereiten Frau K. und ich den Wechsel der Kinder zu ihr vor. Ich erzähle ihr von den Kindern und meinen Sorgen um einzelne. Sie erzählt mir von ihren Kindern und der Arbeit mit ihnen, von ihrem Schmerz um den bevorstehenden Verlust. Diese Kinder verlassen ja unsere Schule ganz, man wird sie selten wiedersehen. Meinen Kindern kann ich erzählen, wie gern und schön Frau K. mit ihrer Klasse singt, was für Eigenheiten sie hat im Umgang mit Kindern, was ich an ihr schätze, worin sich meine Kinder wohl werden umgewöhnen müssen. Als Frau K. am Schluß des Schuljahres mit ihren Kindern für die ganze Schule etwas vorführt, hat sie meine Kinder schon halb gewonnen. Ich bin erleichtert, daß sie einige Dinge, die ich mit den Kindern erarbeitet habe, weiterführen will.

Wenige Tage vor Beginn des neuen Schuljahres erfahre ich bei einem zufälligen Besuch im Schulhaus, daß das Schulamt uns eine Lehramtsanwärterin zugeteilt hat, die 14 Hauptfachstunden in einer Klasse unterrichten muß, und zwar in einer dritten. Meine ehemalige Klasse ist dafür vorgesehen, Frau K. soll eine erste Klasse übernehmen, obwohl sie das nicht gewöhnt ist und auch jetzt erst davon erfährt. Die restlichen Stunden in meiner alten Klasse übernimmt eine Kollegin, die nach längerer Beurlaubung wieder zurück in unsere Schule kommt. Sie war früher vor allem in der ersten und zweiten Klasse. Der Schulrat soll gesagt haben, er kenne meine alte Klasse von der Visitation im März her, die sei gut in Schuß und könne das Ganze verkraften.

Jetzt muß ich erleben, wie alles, was ich den Kindern über ihre Zukunft gesagt habe, zur Lüge wird. Die junge Kollegin, die die wichtigsten Stunden geben wird, denkt gar nicht daran, mich nach den Kindern zu fragen. Auch ihr Seminarleiter bringt sie nicht auf die Idee, daß man von mir Wichtiges erfahren könnte. Im Gegenteil: Er macht ja ihr Vorschriften, wie sie ihren Unterricht zu halten hat, obwohl er die Kinder noch viel weniger kennt als sie. Niemand hat mich gebeten, den Kindern die neuen Bedingungen verständlich zu machen, obwohl sie mich kennen, mir vertrauen. Es ist alles einfach über sie hereingebrochen. Wenn ich mich darum kümmere, wie ihnen zu helfen wäre, ist das auf allen Ebenen eine unverschämte Einmischung. Und den Kindern habe ich beim Abschied gesagt, ich erwarte von ihnen, daß sie Geduld hätten mit der neuen Situation, daß sie sich Mühe gäben, das Gute darin zu entdecken, daß wir uns nicht verlieren müßten, auch wenn wir jetzt erst einmal sehr viel Abstand voneinander bräuchten, um die Trennung zu verwinden und das Neue lieben zu lernen! Jetzt müssen sie meinen, ich hätte sie im Stich gelassen und verraten.

Und außerdem: Der Schulrat hat bei seinem Besuch nur die schöne Oberfläche gesehen. Er weiß nicht, wieviel Schwaches und Schutzbedürftiges in der Klasse ist, wenn man sie genauer kennt. Ich hab ihm einen wütenden Brief geschrieben, daß ich es zynisch fände, daß man das alles entschieden habe, ohne mich auch nur zu fragen, ob der Klasse die Regelung zuzumuten sei, und wie man denn, wenn es schon nicht anders ginge, den Kindern alles etwas leichter machen, das Schuljahr weniger schroff beginnen könne. Er hat mir nicht einmal geantwortet. Dabei ist er der beste und rücksichtsvollste Schulrat weit und breit, wir schätzen ihn alle.“

Dies ist eine wahre Geschichte. Ich nenne keine Namen, weil es nicht darum geht, jemanden anzuschwärzen in einem bedauerlichen Sonderfall. Ich halte die Geschichte insofern für typisch, als es meines Wissens unter all den tausenden von Vorschriften, mit denen man die Schulen schon bedacht hat, keine gibt, die verlangt, daß in einem Fall wie diesem der Mensch, der die Kinder kennt, gefragt und einbezogen werden müßte. Die typische Antwort der Schulverwaltung auf solche Pannen ist: »Machen Sie niemandem Versprechen darüber, was im nächsten Schuljahr sein wird. Das kann sich alles bis zum letzten Moment ändern.«

Ein strahlend schöner Sommernachmittag. Vier Lehrer sitzen im Garten und reden über die Kinder, die in der Schule und die daheim. Roland erzählt: »Der Bub hat in den ersten beiden Jahren eine Lehrerin gehabt, die immer nur das gesehen hat, was nicht gut war. Jedesmal, wenn er einen Fehler hatte im Diktat, stand *Schade!* drunter. Schon bei einem Fehler: *Schade!* Die hat ihm alle Freude genommen an dem, was er konnte.« Zwei der Lehrerinnen am Kaffeetisch zucken zusammen, sehen sich an: »Ich schreib auch *Schade!* hin, wenn eins nur einen Fehler macht.« »Ich auch. Ich find's doch auch schade, wenn irgend so ein dummer Fehler verdirbt, daß es Null Fehler sind.« Beide meinen, dem Kind damit aus der Seele zu sprechen.

Roland beharrt darauf, daß dieses *Schade!* verletzend sei. »Ich hab auch schon mal einen Fehler heimlich verbessert, wenn ich wußte, das Kind sehnte sich sehr danach, einmal ein fehlerloses Diktat zu haben. Das hat ihm Auftrieb gegeben.« – »So etwas würde diese Lehrerin nie tun! Der kommt es doch nur darauf an, die Klasse zu trimmen, damit sie dann gut dasteht!« – »Ach so. So ist das: Ihr *Schade!* hat ihre eigene Enttäuschung ausgedrückt.« – »Genau! Nie konnte der Bub es ihr wirklich recht machen, immer war sie enttäuscht!«

Langsam wird uns klar, daß wir alle die Erfolge unserer Kinder auch als eigene Erfolge sehen, sie uns aneignen, die Kinder zu unserer höheren Ehre ins Rennen schicken. Es ist beschämend, aber wahr. Und wir spüren, daß auch ein mitfühlendes *Schade!* ein verletzender Eingriff sein kann, ein Übergriff, der unsere Gefühle in die der Kinder mischt. Was soll man tun? Gar nichts mehr drunterschreiben?

Beim nächsten Diktat habe ich die Kinder aufgefordert, selber drunterzuschreiben, wie sie das Ergebnis finden. Da las ich: *Juhu – In Toschh – ich bin Traurig – Prima danke – Toll – sehr toll! – mehr als Schade – Naya – Ich bin Enteusch. – Schade – Es geht – blöd – Naja – Schade – Ich bin frho (0 Fehler) – Srecklich – Gut* ... Ich hab mir das durchgelesen, mit jedem Kind gefühlt und das ganze Brimborium des Diktats wieder einmal mit neuen Augen gesehen. Ein paar Kinder kamen und fragten mich: »Wie findest *du* das?« Da genügte meistens ein Lächeln oder Nicken. Den, bei dem *Srecklich* stand, habe ich mir an meinen Schreibtisch geholt und ihm gezeigt, was er alles richtig geschrieben hatte. Er nickte, nahm sein Blatt, trug es krumm vor Eifer an seinen Platz, strich das alte Urteil durch und schrieb etwas anderes hin. Dann brachte er mir das Blatt zurück. *Schön* stand da jetzt. Wir waren uns einig.

Beim nächsten Aufsatz wollte ich mich aufraffen, meine Anerkennung wirklich einmal schriftlich in Worte zu fassen. Sonst sage ich immer zu jedem Aufsatz etwas. Beim ersten schrieb ich: *Schön!* Beim zweiten: *Schön!* Der dritte war aber auch schön. Sollte ich jetzt ein anderes Wort wählen? Die Kinder lesen sich gegenseitig vor, was ich ihnen schreibe. Da bekommen kleine Variationen schnell ein falsches Gewicht. Dann hab ich doch überall, wo es paßte, *Schön!* druntergeschrieben und es für mich immer anders betont. Das gab die richtige Nuancierung. Und am nächsten Tag hab ich die Aufsätze zurückgegeben, den Kindern vorgemacht, wie man das *Schön!* betonen kann und wie es jedesmal anders klingt und ein bißchen was anderes bedeutet. Sie haben mich gleich verstanden. Dann hat jeder ausprobiert, welche Betonung wohl zu seinem Aufsatz paßt. Und ich habe zugehört und manchmal laut gelacht.

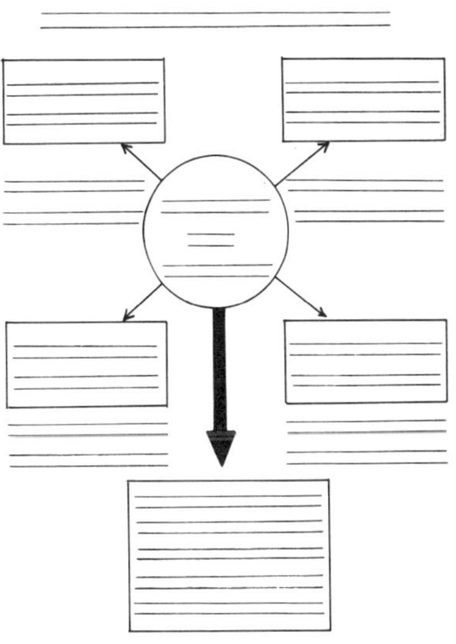

Mit diesem Schema geht die Lehrerin in den Unterricht. Sie hat es gezeichnet und mit dem Kopiergerät der Schule 23 Arbeitsblätter für die Kinder und eine Folie für den Tageslichtprojektor hergestellt. Auf der Folie kann sie während des Unterrichts Schritt für Schritt die erreichten Lernziele eintragen. Es werden vier Teilziele sein, im großen Rechteck wird sich ein Grobziel, eine Zusammenfassung, eine Nutzanwendung finden. Der Unterricht ist so geplant, daß sich die Ausfüllung des Schemas aus ihm ergibt. Die Kinder übertragen das, was ihnen der Tageslichtprojektor an die Wand wirft, in ihr Arbeitsblatt, entweder nach und nach oder alles auf einmal am Ende der Stunde.

Was aber kann das Thema einer Stunde sein, deren Niederschlag in so ein Schema paßt?

Als mir Nina das Sachkundeheft zeigt, aus dem diese Seite stammt, frage ich: »Habt ihr jetzt einen Türken in der Klasse?« Ich kenne die Klasse und weiß, daß es darin zwar ausländische Kinder gab von Anfang an, aber bisher keinen Türken. »Nein«, sagt Nina, »wieso?« In ihrem Heft steht: *Mustafa hat Probleme* und *Wir helfen Mustafa.* Zweieinhalb Wochen, nachdem die Lehrerin die Klasse übernommen hat, stellt sie die Probleme eines Schülers in den Mittelpunkt – aber er ist kein Mitschüler, es gibt ihn gar nicht. Sie hat ihn erfunden, um ein Thema des sozialkundlichen Bereichs des Sachunterrichts zu erledigen.

Da werden vier Probleme genannt: *Er ist einsam. Keiner leiht ihm etwas. Er kommt mit den Hausaufgaben nicht zurecht. Die andern lachen ihn aus, wenn er etwas nicht kann.*

Mustafa soll geholfen werden, von jedem Kind ganz persönlich: *Ich lade ihn zu mir ein; ich leihe im etwas; ich mache mit ihm Hausaufgaben; ich erkläre ihm die Aufgabe.*

Die Kinder werden aufgefordert, Verständnis und Hilfsbereitschaft zu formulieren für ein Kind, daß es nur in der Theorie gibt oder das weit weg ist, während die ausländischen Kinder der eigenen Klasse dabeisitzen und übersehen werden. Und sie können nicht einmal wütend darüber werden, daß Aufmerksamkeit, Anteilnahme und Hilfsbereitschaft der Mitschüler ins Leere gelenkt werden.

Man kann sich gar nicht ausmalen, was das bei den Kindern anrichtet. Das ganze *sozial* gemeinte Unternehmen ist durch und durch blind und verlogen. Die Kinder sollen von menschlicher Not reden, sie erkennen und helfen wollen, und zugleich die Augen verschließen vor der Not des Nächsten und vor der eigenen.

Wir helfen Mustafa

Mustafa hat Probleme

Er ist einsam

Ich lade in zu mir ein

Keiner leiht ihm etwas

Ich leihe ihm etwas

Hausaufgabe

Ich mache mit ihm Hausaufgaben

Die anderen lachen in aus

Ich erkläre ihm die Aufgaben

Mustafa soll fragen, ob er mitspielen darf. Er soll zur Lehrerin gehen.

In Wirklichkeit ist es nie so leicht zu helfen, wie auf dem Papier. Um der Dunja zu helfen, die sich immer wieder in undurchsichtigen Behauptungen und offenbaren Lügen verfängt, weil die Eltern auch aus der Wirklichkeit hier in Deutschland flüchten und immer neuen Träumen nachhängen, statt sich zu entscheiden, wo sie und ihre Kinder hingehören sollen – um Dunja zu verstehen und ihr tatkräftig und geduldig zu helfen, nicht nur mit einem geliehenen Radiergummi oder einer einmaligen Einladung, brauchten die Kinder die Hilfe ihrer Lehrerin. Um den Donato nicht links liegen zu lassen, der Einladungen zwar annimmt, dann aber doch nicht kommt und nicht erklären kann, warum ihm seine Eltern nicht erlauben, zu deutschen Kindern nach Hause zu gehen, brauchen sie Trost und Stütze von einem Erwachsenen, damit Toleranz und Liebe nicht verzagen, sondern stärker werden.

Helfen lernt man, wenn man hilft! Es demoralisiert einen Menschen, wenn das Reden von Not nicht in Taten mündet, die die Not wenden könnten. Es zerstört die Menschlichkeit der uns anvertrauten Kinder, wenn wir durch solchen Unterricht den ursprünglichen Zusammenhang von Erkennen und Handeln in ihnen zerschneiden.

Man könnte ja meinen, es ginge im nächsten Teil darum, die Mustafas in der eigenen Klasse zu entdecken und Ernst zu machen mit der behaupteten Hilfsbereitschaft. Das war aber nicht so.

Im Gespräch mit jungen Kollegen hörte ich, daß sie in ihrer Ausbildung angehalten würden, nur ja nicht die Probleme eines Kindes der Klasse zum Unterrichtsthema zu machen. Begründung: Man darf ein Kind nicht bloßstellen. Das ist ein ehrenwerter Grund, gewiß! Aber er ist vorgeschoben.

Tatsächlich geht es darum, auch den Unterricht über Lebensfragen der Kinder im Allgemeinen, Unverbindlichen zu halten. So bleibt er planbar. Der für ein Thema vorgesehene Zeitrahmen und das für den Hefteintrag vorbereitete Schema werden eingehalten. Das Ende der Debatte und das Ergebnis des Unterrichts ist vorher festgesetzt. Das ginge nicht, wenn man das Leben der Kinder selbst zum Thema machte. Man tut nur so, als täte man's, und stiehlt es ihnen damit. Anders geriete der Lehrer auch in Gefahr, am Ende selber hilflos dazustehen.

Das kann sogar komisch sein, wie ich es einmal mit Gökhan im vierten Schuljahr erlebt habe. Er war allgemein beliebt, fiel nie auf, höchstens durch seine dunklen Augen und seine sanfte Freundlichkeit. Auf einem Ausflug wurden Würstl gebraten. Gökhan biß mit großem Appetit in seine Wurst, fragte dann erst, ob die vom Schwein sei und schüttelte sich entsetzt. Die andern, seine Freunde, wichen vor ihm zurück, schienen sich plötzlich vor ihm zu ekeln. Ich wollte dann zeigen, aus welchem Zusammenhang Gökhans Ekel vor Schweinefleisch stammt und daß er nicht überall wie bei uns Außenseiter ist. Wir haben uns einen Film über die Al Akhbar-Moschee in Kairo angesehen. Die Kinder wollten mehr erfahren über den Islam, seine Vorschriften und deren Auswirkungen auf den Alltag der Gläubigen. Am Ende verkündeten die »Männer« der Klasse, die sich noch nie so ganz damit hatten abfinden können, daß Mädchen genausoviel wert wären wie Jungen: »Wenn wir groß sind, werden wir auch Türken. Dann stimmt das mit den Weibern!«Protest der Mädchen! Unversehens war, wenn auch gutgelaunt und herzlich, eine neue Runde in unserm Kampf um die Gleichberechtigung der Mädchen in der Klasse eröffnet.

Ein Schulrat erzählt, er sei in einer Grundschulklasse gewesen, viertes Schuljahr, und habe dort erlebt, wie die Lehrerin das Thema *Vorurteile zwischen Deutschen und Türken* behandelt habe. Ich will versuchen, wiederzugeben, was er sagte:

»Zuerst wurde nur allgemein über das Problem gesprochen. Dann hat die Lehrerin sechs Kinder von nebenan dazugeholt, türkische Kinder aus einer rein türkischen Klasse. Sie kannte sie, weil sie in der Klasse Deutsch unterrichtet. Beide Seiten, die deutschen und die türkischen Kinder, haben einander gesagt, was sie denken, was sie jeder am andern nicht leiden können, was sie einander vorzuwerfen haben. Dann aber kam die Rede darauf, was sie sich wünschen, worüber sie sich freuen, worunter sie leiden. Es war furchtbar aufregend, eine Gratwanderung. Ich habe ein paarmal eine Gänsehaut bekommen, wenn ein Kind schonungslos aussprach, was andere kränken mußte. Aber dann sind sie sich näher gekommen, haben entdeckt, daß sie ähnlich denken, ähnliche Ängste und Sehnsüchte haben. Am Ende waren sie sich einig, daß türkische und deutsche Kinder miteinander auskommen könnten, wenn sie einander als Kinder sehen und nicht mehr im Licht gegenseitiger Vorurteile als *Deutsche* und *Türken.*
Aber das geht natürlich nur in so einem Fall, wo die Lehrerin beide Seiten kennt.«

Ich will nicht bestreiten, daß dieser Umstand das Vorhaben begünstigt hat, daß die deutschen wie die türkischen Kinder so offen und schonungslos reden konnten, weil sie sich alle miteinander in der Obhut einer Lehrerin wußten, der sie vertrauten. Aber ich glaube nicht, daß so etwas nur geht, wenn eine Lehrerin gleichzeitig deutsche und türkische Kinder unterrichtet. Das wäre eine Ausrede.

In Wahrheit scheuen wir die Gänsehaut, die Erschütterung über das, was die Kinder bewegt. Das rührt an unsere Gefühle, weckt Erinnerungen an eigenes Leid, fordert auch von uns Taten und nicht nur Worte. So lebendige Probleme kann man nicht ins 45-Minuten-Format schnüren, sie brauchen Zeit, Mitleid und dann Abstand und erneut Zuwendung. Man hat sie nie erledigt. Sie tauchen, einmal zugelassen, immer wieder auf und stören unsere Pläne. Darum unterdrücken wir die offene Rede über das, was die Kinder denken, fühlen und fürchten.

Aber nur der klare Blick auf die schmerzliche und beschämende Wirklichkeit entbindet die Kräfte, die man braucht, um etwas zu ändern, um das Leben zu beeinflussen, es besser und richtiger zu machen. Das gilt für eine Gruppe oder Klasse wie für den einzelnen.

Tröstlich ist, daß wir als Lehrer nicht allein bleiben müssen im Mitleid und womöglich für die ganze Klasse organisieren, was jeder zu tun habe. Damit wäre jeder von uns überfordert. Wir müssen nur der Kraft der Kinder vertrauen und bei ihnen bleiben für den Fall, daß wir mit unserer erwachsenen Stärke, Übersicht und Reife gebraucht werden, um ihnen Halt zu geben und, wenn wir darum gebeten werden, auch einmal einen Rat.

Christiane, deren sehr viel jüngere Schwester Friederike jetzt im zweiten Schuljahr ist, hat mir geschrieben.

»Du hast mir erzählt von Kindern, die ihrer Lehrerin Beschwerdebriefe schreiben dürfen. Ich mußte dabei an meine kleine Schwester denken. Friederike ist nach den Weihnachtsferien neben Gabi gesetzt worden. Sie erzählte zu Hause, daß Gabi neu in der Klasse sei, keine Freundin habe und immer sehr traurig sei. Friederike wußte, daß es Gabi nicht gut ging, und sie spürte, daß die Lehrerin sich lieber um sie selber als um Gabi kümmerte. Sie hatte darum die Idee, der Lehrerin einen Brief zu schreiben, um sie auf Gabis Probleme aufmerksam zu machen. Gleichzeitig wollte sie einen Brief an Gabi schreiben und ihr alles erklären. »Sonst kann sie es vielleicht gar nicht annehmen, wenn Frau R. plötzlich netter ist zu ihr.«

Sie trug die Idee mit dem Brief an die Lehrerin lange mit sich herum. Zwei Tage vor den Osterferien schrieb sie ganz allein ihren Brief und ließ nichts verbessern. Sie las ihn nur einmal unserer Mutter vor. Sie habe ein Problem mit Gabi, hieß es. Sie fände, die Lehrerin behandelte Gabi schlecht. Die sei doch oft traurig und werde daheim verhauen, wenn sie schlechte Noten habe. Friederike fragte, ob denn die Lehrerin wüßte, daß Gabis Mutter im Krankenhaus liege. »Gabi ist sehr traurig, weil du nicht gerecht bist.« Das war ihr letzter Satz. Den Brief gab sie Frau R. am letzten Schultag vor den Osterferien.

Ich war dabei, als Friederike an diesem Tag aus der Schule kam. Sie war ganz still. Frau R. hatte nur gesagt, sie werde nach den Osterferien mit ihr über den Brief reden. Das hat sie bis jetzt, wo das Schuljahr zu Ende geht, nicht getan.«

Schul - Stempel - Depot

Stempel für jede Schule

Wir liefern Ihnen jeden gewünschten Stempel nach Ihren Entwürfen

Best.-Nr. 8150.1016 DM 11,80

Sachlich und rechnerisch richtig

.........................., den .... 19..........

Schulleiter ....

Best.-Nr. 8150.1023 DM 11,80

Ein erfreulicher Fortschritt an Sauberkeit und Sorgfalt.

....

Datum

Kenntnis genommen ....

Best.-Nr. 8150.1030 DM 11,80

Sauberkeit und Sorgfalt der Hausaufgaben lassen zu wünschen übrig.

....

Datum

Kenntnis genommen ....

Best.-Nr. 8150.1047 DM 11,80

.... hat seine Hausaufgaben nicht / nurteilweise / sehrunsauber / gemacht. Sorgen Sie doch bitte für Abhilfe.

....

Datum

Kenntnis genommen ....

Best.-Nr. 8150.1054 DM 11,80

Das Betragen Ihres Kindes .... gab in letzter Zeit oft Anlaß zur Klage

....

Datum

Kenntnis genommen ....

Best.-Nr. 8150.1061 DM 11,80

Die Richtigkeit der Rechnung wird bescheinigt

.........................., den .... 19..........

Schulleiter ....

Best.-Nr. 8150.1078 DM 11,80

Eine gründliche Aussprache ist dringend notwendig. Ich erwarte umgehend Ihren Besuch.

....

Datum

Kenntnis genommen ....

Best.-Nr. 8150.1085 DM 11,80

Inventarisiert

unter lfd. Nr. ....

des Bücher-Verzeichnisses / Inventar-Verzeichnisses

Best.-Nr. 8150.1092 DM 11,80

Lehrerbücherei

Invent.-Nr. ....

Best.-Nr. 8150.1102 DM 11,80

Schülerbücherei

Klasse ....

Best.-Nr. 8150.1119 DM 11,80

Klassenbücherei

Klasse ....

Invent.-Nr. ....

Best.-Nr. 8150.1126 DM 38,40

Zensurenspiegel					
1	2	3	4	5	6
12	07	14	19	11	14

Bänderstempel, Zahlen verstellbar !

Best.-Nr. 8150.1133 DM 9,20

Note	1	1,5	2	2,5	3	3,5	4	4,5	5	5,5	Durch-schnitt
Schüler											

Best.-Nr. 8150.1140 DM 6,70

1	2	3	4	5	6

Best.-Nr. 8150.1229 DM 11,80

Note	1	2	3	4	5	6
Punkte						
Anzahl						

Best.-Nr. 8150.1157 DM 4,20

versetzt

Best.-Nr. 8150.1164 DM 4,20

nicht versetzt

Best.-Nr. 8150.1171 DM 3,50

3. Nov. 1983

Best.-Nr. 8150.1188 DM 11,80

Die Hausaufgaben wurden nicht bezw. unvollständig angefertigt

In meinem Fach im Lehrerzimmer liegt ein Packen Werbematerial für Lehrmittel. Dabei ein Blatt von einem *Schul-Stempel-Depot.* Stempel für jede Schule werden angeboten: Stempel, mit denen die Richtigkeit einer Rechnung bescheinigt oder ein Buch inventarisiert werden kann. Das braucht man wohl. Aber braucht man einen Zensurenspiegel, dem die Eltern, wenn er unter eine Schulaufgabe gesetzt wird, entnehmen können, wieviel Einser, Zweier, Dreier usw. es gegeben hat in der Klasse und was also die Note ihres eigenen Kindes wert ist? Wie ist einem Kind zumute, das seine eigene Note von dem Stempel daneben relativiert sieht? Da ist nicht einmal ein Einser ein schöner Erfolg.

Wirklich schlimm aber sind die Stempel, mit denen Eltern vorgeladen werden oder mitgeteilt bekommen, daß ihr Kind säumig ist mit den Hausaufgaben oder sein Betragen Anlaß zu Klagen gibt. Der Lehrer muß Stempel und Stempelkissen heraussuchen, das Stempelkissen öffnen, den Stempel einfärben, an die richtige Stelle setzen – Achtung! Nicht umdrehen! – und drücken. Dann Name des Kindes und Datum eintragen und dem Kind geben. Am nächsten Tag wird kontrolliert, ob »Kenntnis genommen« wurde.

Ein Kind, das in der Schule Schwierigkeiten macht, braucht vor allem menschliche Anteilnahme und Betroffenheit. So ein Stempel aber ist eine Lüge. Er behauptet, der Lehrer täte etwas, um das Kind auf den rechten Weg zu bringen. Dabei stempelt er es ab und weist es von sich: *Komm mir nur nicht zu nahe!* sagt der Stempel.

Carolins Schnörkel

Mittags an meinem Schreibtisch im Klassenzimmer, ich bin müde, will nur noch schnell die Mathehefte nachsehen: Carolins Heft. Bißchen wenig, was sie gerechnet hat! Dafür hat sie sich Zeit genommen, alle möglichen Zahlen mit Schnörkeln zu versehen. »Muß das sein?« möchte ich darunterschreiben, halte mich aber gerade noch zurück und gebe meinem Signum auch einen Schnörkel. Wer weiß, welche Fee mir da den Stift geführt hat. Als ich zwei Tage darauf wieder Carolins Heft öffne, sehe ich, daß Carolin dort etwas hingeschrieben hat, wo wir uns wieder begegnen würden. Sie hat noch ein bißchen weitergeschnörkelt, und dann mußte das nicht mehr sein.
Danke, liebe Carolin!

Sie beobachten Schnecken. Oli kommt an meinen Schreibtisch. »Du, Ute, hast du ein kleines Gewand für die Nacktschnecke?« Schon ist er wieder davon.

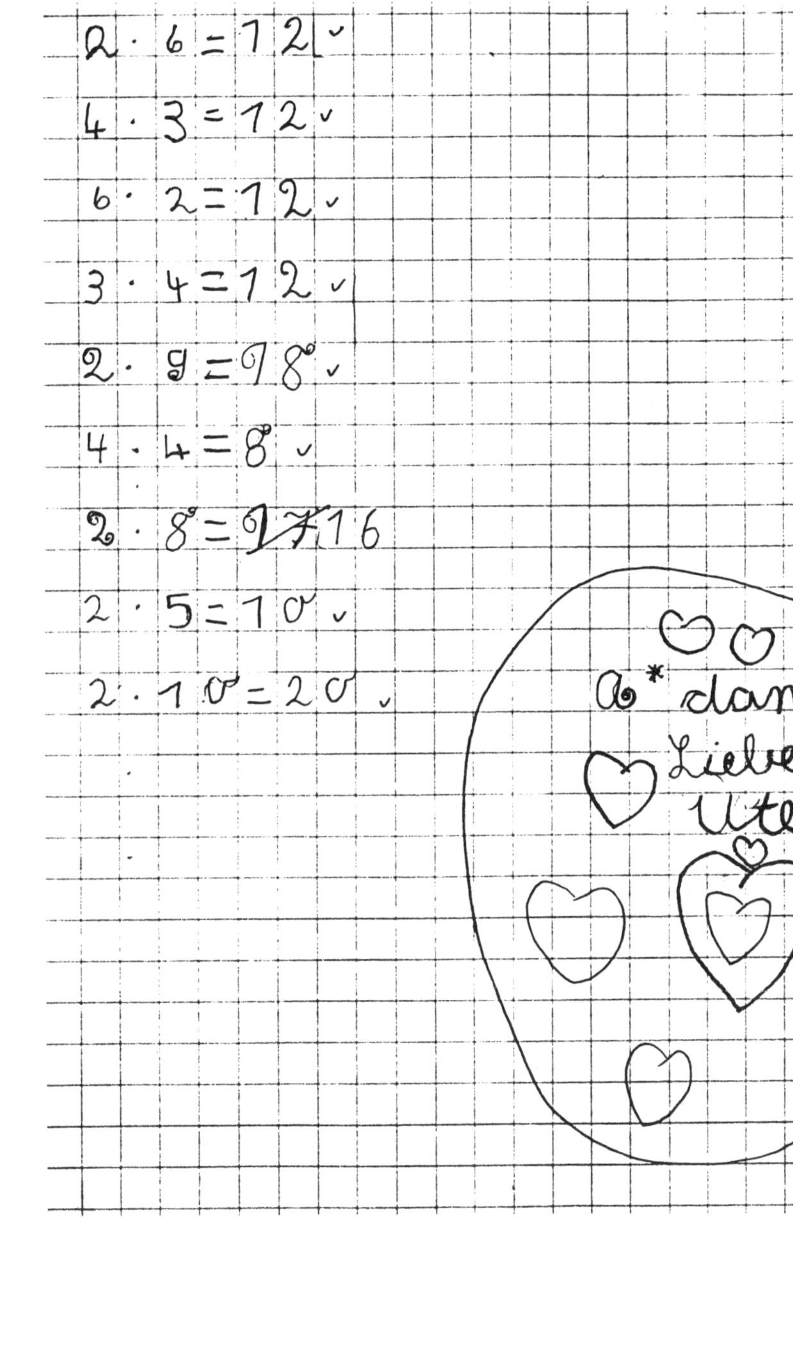

2 · 6 = 12
4 · 3 = 12
6 · 2 = 12
3 · 4 = 12
2 · 9 = 18
4 · 4 = 8
2 · 8 = ~~17~~ 16
2 · 5 = 10
2 · 10 = 20
a* dan
Liebe
Ute

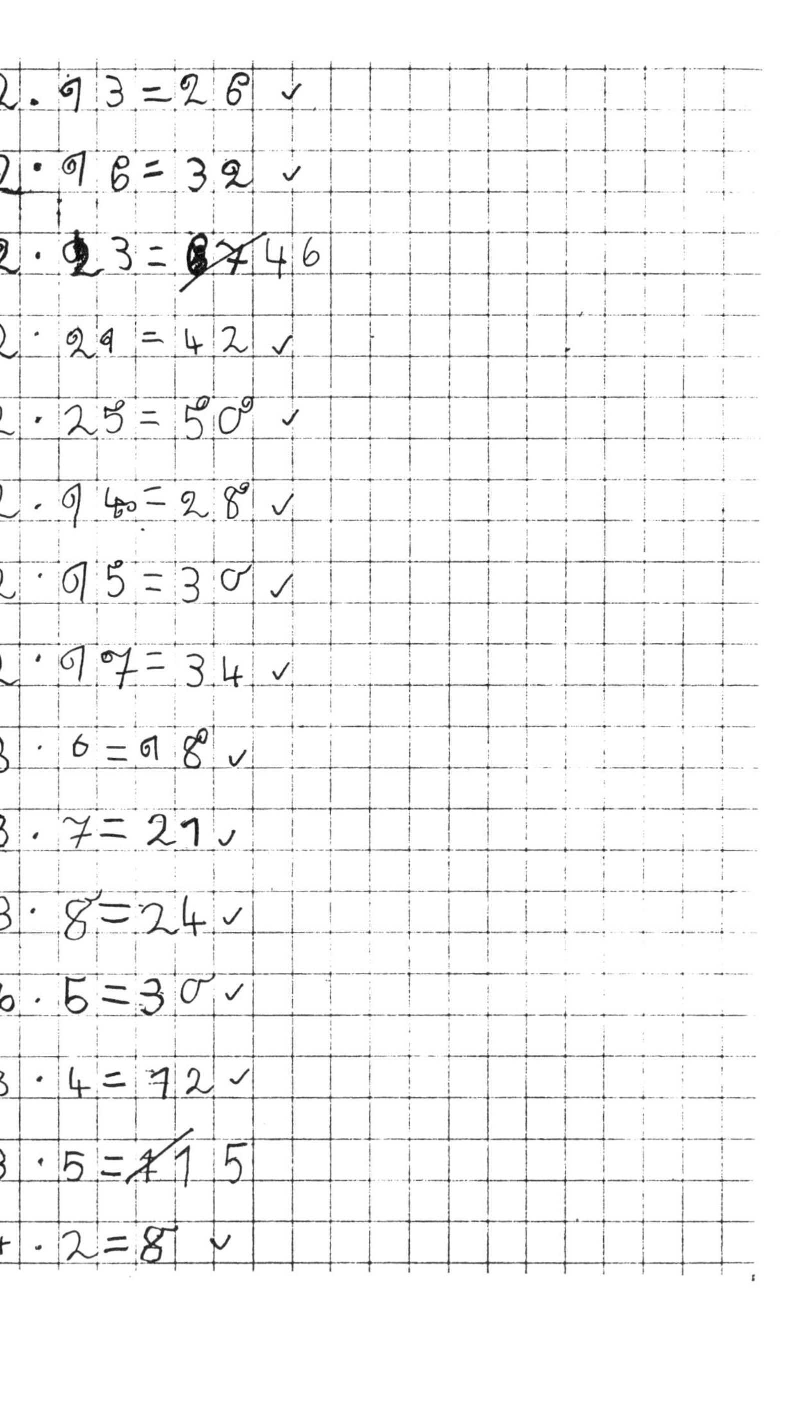
2 · 13 = 26 ✓
2 · 16 = 32 ✓
2 · 23 = 46
2 · 21 = 42 ✓
2 · 25 = 50 ✓
2 · 14 = 28 ✓
2 · 15 = 30 ✓
2 · 17 = 34 ✓
3 · 6 = 18 ✓
3 · 7 = 21 ✓
3 · 8 = 24 ✓
6 · 5 = 30 ✓
3 · 4 = 12 ✓
3 · 5 = 15
4 · 2 = 8 ✓

Wir schicken unsere Kinder jeden Schultag in die Zwangsgemeinschaft einer Klasse. Wir zwingen sie dort, stundenlang dicht neben anderen Kindern stillzusitzen. Aber wir lassen sie fast gänzlich allein mit der Aufgabe, zu lernen, so eng freundlich zusammenzuleben.

Die Verhaltensbiologie weiß von Tieren, die an Streß sterben, wenn man sie zu mehreren in zu engen Käfigen hält. Sie brauchen einen gewissen Abstand voneinander, um überleben zu können. Menschen sterben nicht so schnell, auch wenn sie zusammengepfercht sind. Aber es strengt sie an, macht sie ungeduldig, feindselig und stumpf. Wenn man ein Ohr dafür hat, kann man in vielen Klassen ständig ein stummes Gekeife hören, spürt man ein bewegungsloses Schubsen und Zerren, das alle, Kinder und Lehrer, in Spannung hält. Auch darum ist Schule so kräftezehrend.

Wenn es mir gelingt, die Kinder zu bewegen, alles loszulassen, innerlich voneinander abzulassen – sie verstehen sehr gut, was damit gemeint ist – tritt eine Stille ein, die mir jedesmal buchstäblich die Brust weitet. Ganz unwillkürlich atme ich tief ein, atme auf – sogar in der Erinnerung an das Gefühl der Erlösung in solchen Augenblicken. Wer das einmal erlebt hat, hört den verhaltenen Lärm auch in äußerlich disziplinierten Klassen und spürt, daß Schulstreß nicht erst durch Notenterror und Gemeinheiten entsteht.

Die Enge der Klassenräume, die starre Nähe vieler anderer, der stets latente Wettbewerb aller – wann denken wir darüber nach, wie das alles drückt und reißt und lähmt, auch wenn es nicht laut wird? Wie groß muß ein Klassenzimmer sein, damit Kinder und Lehrer, die dort eingesperrt sind, genug Bewegungsfreiheit haben, um sich wohlfühlen zu können? Wer fragt danach? Wieviel Nähe kann ein Kind aushalten und wie lange? Wo wird das untersucht?

Wir haben uns damit abgefunden, daß Lehrer ihre Kräfte damit verschleißen, Unbehagen und Zank nicht laut werden zu lassen. Die Ungebärdigkeit der Kinder gilt als unabänderlich. Wir beschimpfen sie dafür oder entschuldigen sie damit, je nach Laune. Wir übersehen, daß sie unglücklich sind, daß sie leiden unter der Friedlosigkeit der Schule, daß sie sich nach Ruhe sehnen, auch wenn sie dauernd Händel suchen.

Einer meiner Buben hat mich wirklich furchtbar genervt. Er ist mir im Kreisgespräch immer wieder ins Wort gefallen, als gäbe es da nur ihn und mich, und er hat den andern Kindern nie zuhören mögen. Seit einiger Zeit sitzt er im Kreis meistens direkt neben mir und ich habe fast vergessen, wie sehr er sonst gestört hat. Manchmal kam es mir vor, als könne er es nicht ertragen, daß alle Kinder sich mir und nicht ihm zuwandten, und er versuche, mit mir zu konkurrieren. Jetzt sitzt er also neben mir, lehnt sich oft an und ist ganz still. Ich vermute, daß er sich mit mir identifiziert, meine Rolle mit mir teilt, und sich darum nicht mehr vordrängt.

Meine Studenten, die uns gegenüber sitzen, sagen mir nun, daß er die ganze Zeit sehr aufmerksam ist, allen Kindern genau zuhört und oft gedankenvoll nickt zu dem, was sie sagen. Als ich ihn frage, was er werden will, sagt er: »Lehrer! Da kann man so schöne Sachen machen mit den Kindern!«

Als ich meine erste eigene Klasse übernahm, 1967 in einer Dorfschule, fand ich beim Aufräumen ein merkwürdig zurechtgeschnitztes, etwa 50 cm langes Holz neben dem Schrank, dick wie ein Besenstiel. Da hatte jemand versucht, aus einem Vierkantholz etwas Rundes zu machen. Hansi, der Sohn des Bürgermeisters, half mir beim Aufräumen. »Ach, das ist meins!« sagte er. »Das war nämlich so bei unserm Fräulein, wenn man fertig war und die andern noch nicht, mit schreiben oder mit rechnen, dann mußte man den Stock so hinten reinklemmen, so in die Ellbogen rein, und festhalten, damit man keinen Schmarrn machen kann.«

Das *Fräulein* vor mir war jung gewesen und offenbar hilflos mit 48 Kindern in der Klasse. Kann man sich bei so einer Erklärung beruhigen? Sie hatte immerhin monatelang die Klasse verantwortlich geführt, hatte diese Regeln einführen können, obwohl sie als Seminarpflichtige besonders gut beaufsichtigt wurde.

Vorhin rief Christiane an und erzählte mir, daß sie Friederike zugeschaut habe, wie sie mit den Puppen aus der Puppenstube spielte. Sie machte den Puppen Knoten in die Arme. »Die sind in der Schule«, erklärte sie. »Da müssen wir immer so stillsitzen.« In der Klasse sind 23 Kinder.

Eine Studentin kommt mich besuchen. Sie ist vollkommen entsetzt vom ersten Tag in ihrem Praktikum. 18 Kinder sind in der Klasse (1. Schuljahr), und jedes sitzt allein. Die Lehrerin sagt, so könne sie am besten unterrichten, und die Hälfte sei sowieso verhaltensgestört. Seit einem halben Jahr sitzen die 18 Würmchen den ganzen Vormittag mit verschränkten Armen an 18 Tischen und merken auf.

Wie die Schule früher war – das ist eine Woche lang ein Thema im ganzen Haus. Am Freitag sind alle verkleidet, die Kinder, die Erwachsenen, die Klassenräume: Die Tische stehen schön frontal. Die Kinder sind begeistert, sie wollen die Sitzordnung beibehalten. Ich erlaube es, wenigstens für eine Woche, und werde von Tag zu Tag kribbeliger. Für mein Gefühl stimmt gar nichts mehr. Ständig sehe ich irgend etwas, was mich stört, eine Bemerkung zum Nachbarn, einen Blickwechsel, der mich ausschließt. Der Abstand zwischen mir und den Kindern ist zu groß oder zu gering. Die Kinder sind nicht einzeln vor mir, aber auch keine Gruppe. Sonst sitzen wir immer mal anders – im Kreis, jeder an seinem Platz, vor der Tafel, um den runden Tisch, zusammengekuschelt in der Leseecke, alle vor mir beim Vorlesen oder wenn ich etwas erzähle – und die Anordnung entspricht dem, was wir miteinander oder jeder für sich tun. Diese frontale Sitzordnung macht mich böse. Morgen wird wieder umgestellt!

Mittags treffe ich eine Kollegin aus der Realschule, Religionslehrerin. Sie erzählt mir, daß sie das auch kennt, diese lähmende Unzufriedenheit gegenüber Kindern, die in Kolonnen sitzen.

»In einer Schule habe ich keinen eigenen Raum, sondern halte meine Stunden in einem Zimmer, in dem ich nur zu Gast bin. Dort stehen die Bänke alle nach vorn ausgerichtet. Ich hab ein halbes Jahr gebraucht, um zu begreifen, daß mein Unterricht durch die Sitzordnung behindert wurde. Jetzt hab ich mir angewöhnt, etwas eher zu kommen und die Stühle im Kreis hinzustellen – es läuft wieder. Man kann miteinander reden.«

Wenn ich beim Elternabend als Mutter hinten sitze, vor mir die Rücken anderer Eltern, kann ich nicht über das sprechen, was mir wirklich am Herzen liegt. Tue ich es doch, gerate ich gegenüber den stummen Rücken ins Stottern. Es kränkt mich, wenn ich etwas sage, was mir wichtig ist, und man schaut mich nicht an, ich kann nicht im Gesicht derer lesen, die mir zuhören. Ich glaube, das ist eine ganz normale Empfindlichkeit, nur gesteht man sie sich als Schüler wohl nicht ein, erkennt sie wahrscheinlich auch nicht.

Meistens sitzen wir im Kreis, wenn wir alle zusammen etwas betrachten, besprechen, anhören oder uns morgens begrüßen. Seit langer Zeit irritiert es mich, daß ich Kinder, denen ich etwas sagen möchte, nicht gleich finde. Ich weiß, sie sind da, aber ich muß langsam schauen, um das Kind zu entdecken, das ich suche. Sie sitzen ja auch immer an verschiedenen Stellen, heute hier, morgen da. Diese Schwierigkeit, ein bestimmtes Kind zu sehen, habe ich vor allem dann, wenn ich mir etwa eine Weile vorher oder daheim vorgenommen habe, dem Kind etwas zu sagen. Ist mein Impuls, es anzusprechen, im Kreis selbst entstanden, weiß ich ohne Mühe, wo es sitzt.

Das hat mich nun auf die Idee gebracht, daß ich es, wenn ich mir für ein Kind etwas vornehme, mit so etwas wie einem inneren Repräsentanten dieses Kindes zu tun habe. Aber dieses innere Bild muß ich dann erst mit dem wirklichen Kind zusammenbringen, um loszuwerden, was ich mir vorgenommen habe.

Nun weiß ich, daß viele Lehrer sehr streng auf die Einhaltung der immer gleichen Sitzordnung achten. Die wissen gleich, wo ein Kind sitzt. Oder wenden sie sich an den Platz?

Kellner, sagt man, kassieren falsch, wenn Gäste die Plätze tauschen; sie merken sich den Platz, an den sie das Bier und das Gulasch gebracht haben, nicht den Menschen, dem es schmecken soll.

Die Sitzordnung in der Klasse kann wie eine Falle sein. Festgehalten in ungewollter, starrer Nähe, die nicht definiert ist und keine Beziehung hat zu dem, was man miteinander tut, töten die Kinder das Gefühl in sich ab, das sich dagegen wehrt und nicht gehört und verstanden werden kann, weil alles beim Alten bleiben soll. Soziale Instinkte, die Menschen näher zusammenrücken oder voneinander Abstand nehmen lassen, verludern, wenn man ihnen nicht folgen darf. Dagegen soll dann womöglich *soziale Erziehung* helfen. Die kann man sich sparen, wenn es ein genügend großes Maß freier Bewegung und freien Austauschs in der Klasse gibt.

Viele Lehrer haben Angst vor dem Schulrat. Man wundert sich darüber, weil Lehrer doch erwachsen sind und von der Visitation und dem Urteil des Schulrates gar nichts abhängt, jedenfalls für die meisten keine Karriere. Aber er bedroht die Selbstachtung des Lehrers, weil er kommt, um zu urteilen, statt kennenzulernen.

Ein Kollege, dem der Schulrat sehr unheimlich war, weil er ihm in seiner Art, in seinem Wollen vollkommen fremd zu sein schien, hat mir gezeigt, was für einen Brief er dem Schulrat vor der Visitation geschrieben hat. Und dann kam zu ihm keine Amtsperson, sondern ein Mensch.

Sie konnten miteinander reden, Freuden und Sorgen teilen, weil der Schwächere gesagt hatte: *Schau, der bin ich!*

Rudolf Kuhnert - Grundschule Buchberg

Betrifft: Schulbesuch am 15.5.83

Vorbemerkung

Anläßlich eines bevorstehenden Schulratsbesuchs mit anschließender Beurteilung versuche ich, mit diesem Bericht meine Arbeit als Lehrer, mich selbst, meine Gefühle, Sorgen und Enttäuschungen darzustellen, weil ich glaube, daß beim Gespräch nach dem Unterricht dafür zu wenig Zeit bleibt bzw. in der Aufregung vieles ungesagt bliebe, was mich bewegt.

A. Meine Vorstellungen und Schwerpunkte

1. In der Klasse

a) Abbau der Aggressionen: Sowohl in den beiden Jahren in Stoggen als auch in dieser Klasse wurde mir bewußt, daß die Beziehungen der Kinder untereinander mehr und mehr von unfriedlichem Verhalten geprägt sind. Das beeinflußt die Klassenatmosphäre nachteilig. Da ich selbst ein sehr sensibler Mensch bin (Vorteil oder Nachteil? - ich weiß es nicht), geht mir diese Entwicklung ziemlich nahe. Ich versuche, den Kindern das zu zeigen und durch Gespräche unter vier Augen oder in der Klasse Möglichkeiten zu finden, wie die Kinder ihre Aggressionen abbauen können, ohne einander weh zu tun.
Das ist für mich Friedenserziehung.

b) Erziehung zu umweltbewußten Verhalten: Durch das Fernsehen wissen die meisten Kinder, wie es um unsere Natur = ihre Zukunft aussieht. Ich versuche, ihnen mit gutem Beispiel voranzugehen, in dem Rahmen, der in der Grundschule vom Lehrplan vorgesehen ist (in Gesprächen, auf Unterrichtsgängen und Wandertagen, auf dem Pausehof).

c) Eingliederung der Ausländerkinder in die Klassengemeinschaft:Viele Probleme in der 3c tauchen mit den noch verbliebenen 5 Ausländerkindern auf. Drei von Ihnen lassen sich schwer integrieren und bereiten ihren deutschen Mitschülern häufig Sorgen. Umgekehrt bringen einige deutsche Kinder wenig Verständnis für die ausländischen Mitschüler auf. Es ist für mich sehr schwer, da immer den richtigen Ton und Weg zu finden. Ich bin gerade dabei, mir aus der einschlägigen Literatur Hilfen zu holen.

d) Besonders am Herzen liegen mir die Außenseiter der Klasse. Ich möchte ihnen durch vermehrte Aufmerksamkeit und Zuneigung einen kleinen Ausgleich für die Nachteile geben, die sie in der Gemeinschaft erfahren. Dabei stoße ich oftmals an die Grenzen des Wunsches, es allen recht zu machen.

e) Einbeziehung der Eltern: Während meiner bisherigen Lehrertätigkeit habe ich erfahren, daß ich viel sicherer arbeiten kann, wenn ich die Eltern in die schulische Arbeit einbeziehe. Dazu gehören Hausbesuche (natürlich nur auf Anfrage), genauso wie regelmäßige Lehrer-Eltern-Treffen. Gerade bei den Hausbesuchen konnte ich wichtige Fakten über die jeweiliegen Kinder erfahren. Es hat sich nämlich wie bei vielen meiner Kollegen gezeigt, daß zu offiziellen Sprechzeiten die Eltern nicht kommen, die eigentlich unbedingt erscheinen sollten.

f) Interesse an außerschulischen Problemen der Schüler: Das Projekt "Kind der Woche" gibt mir, aber auch den Mitschülern die Gelegenheit, viel Persönliches über das jeweilige Kind zu erfahren.

g) Projekte: Ich arbeite an einem langfristigen Projekt zur Selbstfindung der Kinder in der Schule und Elternhaus. Dazu gehören regelmäßige Rollenspiele, die Vorlesestunde aus einem Lieblingsbuch, das Führen des Tagebuchs, Schulfeiern, sowie ein Bilderarchiv, das ich während eines Schuljahres anlege.

2. Meine Stellung im Kollegium

Im Juli 1982 habe ich Schulleitung und Schulrat versprochen, mich ins aktive Schulleben einzugliedern und meine Mitarbeit angeboten. Das gilt selbstverständlich auch heute noch. Nur habe ich immer noch das Gefühl, daß man mir mit Mißtrauen begegnet, vor allem nach meiner Krankheit und dem Lehrgang. - Alle betreffenden Lehrkräfte beschwerten sich über die mangelnde Disziplin in meiner Klasse, die ja der Klaßleiter zu verantworten hat, und äußerten bereits vor der Stunde ihre Abneigung "in diesem Sauhaufen" (Zitat einer Kollegin) zu unterrichten. Sowas schmerzt mich persönlich; da vermisse ich die Solidarität des Kollegiums, und es zieht auch niemand mögliche Gründe für die Disziplinlosigkeit in Erwägung (z.B. daß beinahe jede Stunde der Lehrer wechselte, oder daß die Klasse keine geregelte Unterrichtszeit hatte).

Diese für mich wichtige persönliche Erfahrung hatte mich veranlaßt, in der letzten Woche vor den Osterferien trotz 39° Fieber den Unterricht abzuhalten. Ich werde in Zukunft auch keine Fortbildung mehr besuchen, wenn keine feste Aushilfskraft eingesetzt werden kann. Oder ich beschränke mich auf Fortbildungs-Nachmittage und Wochenend-Seminare.

Enttäuscht hat mich auch, wie meine Initiative für den Vortrag Prof.Singers im Kollegium ignoriert wurde, andererseits aber für einen gleichzeitig stattfindenden Vortrag für Wirtschafts-Manager geworben wurde. Dabei respektiere ich natürlich die Freiheit der Schulleitung, eine Veranstaltung anzukündigen oder nicht.

Ich betone, daß ich hier zum Kollegen-Verhältnis eher eine subjektive Gefühlsstimmung wiedergebe; umso mehr dauert es mich, wie schwierig es tatsächlich im Lehrerzimmer-Alltag ist, solche Wahrnehmungen zu thematisieren und auf ihren Realitätsgehalt hin zu überprüfen. Ins Gesicht hin ist man da eben nur ungern aufrichtig.

Trotzdem will auch weiter meine Kraft für eine kinderfreundliche Schule einsetzen, auch ganz praktisch, z.B. für die Umgestaltung des allzu tristen Pausenhofes.

Eine regelmäßige freiwillige Besprechung aller an unserer Schule tätigen Lehrkräfte über Schüler- und Schulprobleme würde ich sehr begrüßen. Ich kann nämlich nicht glauben, daß es nur in meiner Klasse erziehungsschwierige Kinder gibt.

B. Schwierigkeiten und Schwächen

Es wird immer schwerer, den Unterrichtsstoff und erziehliche Probleme zu bewältigen. Es macht mich traurig, daß immer weniger Kinder gewillt sind, die Schule als nützliches Lernfeld zu betrachten und sie nicht als notwendiges Übel zu sehen. In vielen Elterngesprächen versuche ich, die Ursachen dafür zu finden. Eine davon ist sicherlich der oftmals übertriebene Fernsehkonsum. Einige Kinder geben zu, täglich bis zu drei Stunden fernzusehen. Ohne die Mithilfe der Eltern stehe ich aber hier auf verlorenem Posten.

Meine große Schwäche ist es, zu oft die Schwierigkeiten und Probleme der Kinder zu meinen eigenen zu machen. Das macht mich gelegentlich gerade da mutlos, wo Mut und Gelassenheit gefordert wären. - Ich will auch ohne Schreien und Strafen auskommen. Das habe ich noch nicht erreicht. - Und ich finde es nicht gut, daß ich mich nicht traue, dem Schulleiter oder Kollegen offen zu sagen, wenn ich mich ungerecht behandelt fühle.

C. Ausblick

Solange ich die Kraft dazu finde, werde ich mich weiterhin in der Schule und im Umgang mit Kindern gegen die zunehmende Entmenschlichung und Technisierung der Schule einsetzen.

Für die weitere Zukunft könnte ich mir gut vorstellen, mit Junglehrern zu arbeiten oder mich für einen verantwortlichen Posten zu bewerben.

Mein Augenmerk gilt der Auswirkung des Kabelfernsehens (wenn wir es dann bei uns haben werden, eines Tages); ich fürchte, daß die Kinder dann noch unzugänglicher und passiver werden.

D.Schlußbemerkung

Sehr geehrter Herr Dr.Birndorf!

Solche Überlegungen vor einem Schulbesuch sind vielleicht nicht so sehr üblich. Aber ich habe gemerkt, wie wichtig es für mich selbst ist, einmal darüber nachdenken zu müssen, was Schule und Lehrerberuf mir eigentlich bedeuten. Im Schulalltag geht das leider so oft unter. Ich möchte Sie bitten, das, was ich hier mitgeteilt habe, zusammen mit Ihren eigenen Beobachtungen zur Grundlage unseres Gesprächs zu machen.

Buchberg, den 9.5.83

Vor ein paar Jahren hatte eine Kollegin einige Stunden in meiner Klasse übernommen, die eine ganz andere pädagogische Haltung vertritt als ich. Irgendwann fiel mir auf, daß die Kinder vor ihren Stunden im Ganzen ruhiger waren als oft bei mir. Sie klagten zwar bei mir über ihre Strenge, aber es war offensichtlich, daß sie braver wurden, wenn sie sie im Klassenzimmer erwarteten.

Als es mir eines Tages zuviel wurde, was die Kinder mir an Spannungen und Unruhe zumuteten, habe ich sie gefragt: »Warum seid ihr bei Frau M. braver als bei mir?« »Sie ist halt strenger als du!« hieß es. »Sie wird gleich böse, wenn wir nur ein bißchen reden.« »Und wenn einer seine Hausaufgaben nicht gemacht hat, wird sie gleich *so* wütend!« – »Macht der sie dann das nächstemal?« – »Meistens nicht. Aber dann muß er aufstehen und alle müssen ihn anschauen. Das will natürlich keiner.«

Ich wußte, welche Kinder es waren, die dieses Schicksal traf. Die Klasse fand das eigentlich auch gemein, keiner wollte es erleben, aber Mitgefühl, Solidarität mit den Sündenböcken war nicht zu spüren.

Alles, was ich bisher über die Funktion von Sündenböcken in einer Gesellschaft gelesen und verstanden zu haben glaubte, fiel mir ein und verblaßte doch vor der geradezu unheimlichen Wirklichkeit in meiner eigenen Klasse: Die *Braven* wirkten vor den Stunden von Frau M. wie befriedet, als habe man ihnen alles Störende, Ungute abgenommen. Sie gingen in der Rolle der *Braven* auf, weil es die eindeutig anderen gab, das Gegenbild. Die anderen lebten das *Böse*, stellvertretend für alle, die es schafften, *gut* zu sein und gerne die eigene Nachtseite vergessen wollten. Auf einmal konnte ich es mit Händen greifen, konnte zusehen, wie die Diffamierung der *Bösen* die *Guten* immer besser machte, immer selbstgerechter und mitleidloser.

Damals begann mir zu dämmern, was ich von den Kindern verlange: Sie sollen zusammen mit mir deutlich sehen, welches Verhalten störend, unangemessen, falsch, schwächlich ist. Gleichzeitig sollen sie verstehen, was einen schwierigen Mitschüler bewegt, wenn er sich nicht so verhält, wie es von ihm erwartet wird und wie es mir und den andern Kindern angenehm ist. Ich lasse nicht zu, daß der Schwierige ausgeschlossen wird, er bleibt, auch wenn wir sein Tun gar nicht schätzen können, einer von uns.

Wenn ich ein schwieriges Kind annehme und von den Mitschülern verlange, daß sie das auch tun, müssen sie ihre eigene Ähnlichkeit und Verwandtschaft mit ihm erkennen. Sie werden dann sich selbst schwieriger. Widerspruch und Weigerung, Haß und Zerstörungswut in sich selbst aufsteigen fühlen und dann zu beherrschen, das verlangt mehr Reife und Kraft als das Abspalten solcher Impulse, ihre Verleugnung und Übertragung auf einen Mitschüler. Mein Anspruch, daß niemand aus der Klassengemeinschaft ausgestoßen werden darf, *muß* immer wieder alle Kinder sich selbst und auch für mich schwieriger machen.

Ein Plakat mit einem dicken Elefanten und einem kleinen Jungen hat mir so gut gefallen, daß ich es für teures Geld gekauft habe, für die Klasse. Wir sitzen lange davor, denken über die zwei Freunde nach, die Kinder breiten all ihr Wissen über Elefanten aus. Ich staune.

Dann erzähle ich, woher ich das Plakat habe und warum es nun da hängt: »Erstens habe ich mir gedacht, so ein dicker, großer Freund möchte ich manchmal für euch sein. Ich hätte auch gerne so einen. Und zweitens möchte ich, daß ihr zu diesem Bild eine Geschichte schreibt.« Manche wollen, manche nicht. Wir sammeln an der Tafel mögliche Titel für eine Geschichte. Dann fragt einer hoffnungsvoll: »Dürfen wir auch zeichnen?« Ich hab mir das anders vorgestellt und bin enttäuscht. Ein Bild ist doch schon da! Aber weil wir Gäste haben, bezähme ich meinen Ärger und schreibe an die Tafel: *Bild zeichnen.* Dazu kommt noch *Bildergeschichte* und *Bilderbuch.* Na gut, soll jeder machen, was er will, und dann werden wir alles rund um das Bild ausstellen.

Einige Kinder fangen gleich mit einem Bilderbuch an, andere mit einem Einzelbild. Philipp bastelt einen Elefantenkopf und steckt den Finger durch, als Rüssel. Wolfgang versucht, ein Daumenkino zu zeichnen. Am nächsten Tag ist alle Phantasie in eine große Bilderbuchproduktion gemündet. Die Bildergeschichten werden zerschnitten und mit Text ergänzt. Alle wollen direkt in das Buch schreiben, unbedingt! Aber die drei Kinder, die bei freiem Schreiben sehr viele Fehler machen, sind auch bereit, ihren Text zuerst ins Unreine zu schreiben.

Meine Enttäuschung darüber, daß die Kinder das, was ich mir für sie ausgedacht hatte, nicht wollten, hat sich aufgelöst. Jetzt sehe ich mich beschenkt, gehe herum und staune, lese

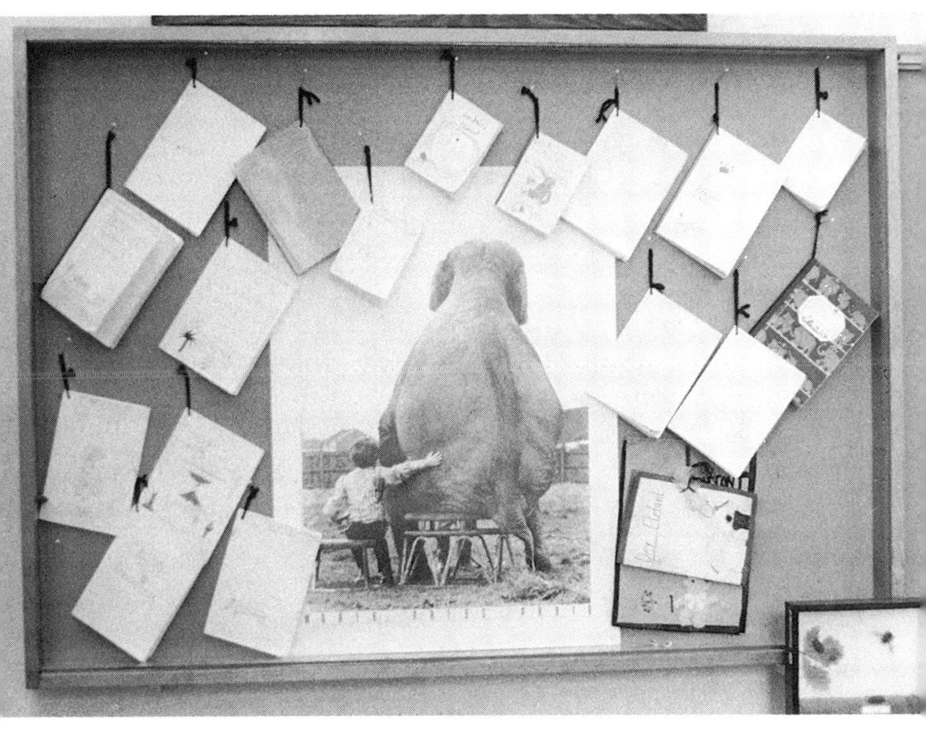

die Geschichten und klebe in die fertigen Bücher ein feines Seidenpapier als Vorsatz! »Darf ich ein Loch reinmachen?« frage ich jedes Kind. Und dann hänge ich ein Buch nach dem andern auf.

Geben und Nehmen – jede lebendige menschliche Beziehung braucht beides. Wer nur nehmen darf, ist auf eine verstörende Weise das Opfer dessen, der immer derjenige sein will, der gibt.

Dieses Ungleichgewicht zwischen Gebenden und Nehmenden ist in der Schule die Regel. Die Kinder werden behandelt wie Menschen, die nichts zu geben haben, nur mitspielen sollen sie, was wir uns für sie ausgedacht haben, und uns mit ihrer Fröhlichkeit loben. Es geht nicht darum, ob ihnen denn etwas Besseres als uns eingefallen wäre – obwohl das sicher oft so ist – sondern darum, daß sie gar keine Chance bekommen, ihre Fähigkeit zur Sorge für andere, zur Verantwortung für das Gemeinsame, zum Schenken, Zeigen und Voranhelfen, in der Schule zu gebrauchen. Daheim ergeht es ihnen meistens auch nicht anders.

Verweigerung der Mitarbeit im Unterricht und *Versorgtwerden wollen* – eine Rache dafür, daß man nichts geben durfte?

Wir müssen – und wir können das zuversichtlich tun – auf die Fähigkeit der Kinder bauen, Verletzungen und Enttäuschungen zu überwinden, wenn es denn einmal gut ist in der Schule und der Lehrer zugleich liebevoll und erwachsen. Man muß mit der neuen, der menschlicheren Schule nicht warten, bis alles anders geregelt ist als heute.

Denn wenn alles erst einmal so gefaßt ist, daß die Organisation das gute Funktionieren des Zusammenlebens und Lernens garantieren soll, stirbt das Leben in der Schule. Dann geben die Menschen, die Lehrer, die Kinder und die Eltern, die Verantwortung für das Gelingen an die Institution ab. Jedes Miteinander, das nur noch Mitmachen, keine Kreativität verlangt, siecht schließlich an Kraftlosigkeit dahin, wenn es nicht vorher von ungebrauchten vagabundierenden Kräften zerstört wird. Die natürlichen Kräfte: helfen, gestalten, Verantwortung übernehmen – sie dürfen nicht brachliegen. Dann verderben sie, verwahrlosen.

Mit liebevollem Herzen, starken Armen, Ausdauer und Mut dabeistehen zu müssen, gar geschoben zu werden nach fremder Absicht, das verbittert oder erschlafft.

Auf der Treppe im Schulhaus treffe ich eine Kollegin. Freundlich und bestimmt sagt sie mir, daß sie ein Wandbild brauche. Es ist meine Aufgabe, die Lehrmittel zu verwalten. Ich gehe gleich und hole das Geforderte. Mir ist, als könnte ich mich erst wieder wohlfühlen, wenn ich das getan habe, was die Kollegin von mir will. Freundlich und bestimmt hat sie ihr Recht ausgeübt, etwas von mir zu verlangen, offenbar ohne einen Gedanken daran, ohne ein Gefühl dafür, daß es für mich eine Zumutung sein könnte, alles andere, was ich selbst gerade tun wollte, zu lassen. Sie ist mir in die Glieder gefahren, und ich werde sie erst wieder los, als ich gehorcht habe.

Ich tue, was sie will, ohne die Freude, ihr behilflich sein zu können, meine Aufgabe zu erfüllen. Ich kann ihr gar nichts geben, ich kann nur gehorchen, für anderes hat sie keinen Raum gelassen.

Wer einem anderen Menschen so seinen Willen aufzwingen kann, hat mit den Kindern natürlich keine Disziplinprobleme.

Maria, die immer eine sehr liebevolle und pflichtbewußte Lehrerin war und nun, gegen Ende ihres Lehrerlebens, ihren bisher fürsorglich durchdachten Unterricht durch immer mehr Freiarbeit, freies Lernen ersetzt, ist glücklich und bedrückt zugleich.

» Die Kinder lernen mit Eifer, sie sind vergnügt und bei der Sache. Wenn ich ihnen zusehe, kann ich mich nur freuen. Und doch bin ich unzufrieden. Ich hab das Gefühl, ich tu nichts mehr. Natürlich, ich bereite all die Arbeitsmittel vor und bring alles in die Klasse, was sie brauchen, aber dann kommen sie oft ohne mich aus. Das ist ganz anders als früher, da hab ich gewußt, wenn ich mich anstrenge, die Kinder gut führe und begeistere, dann kommt auch was dabei raus. Jetzt komm ich mir manchmal ganz überflüssig vor in der Klasse. «

Ich will hier nicht erklären, was mit Freiarbeit gemeint ist, jedenfalls kein jeder-kann-tun-was-er-mag, keine Beliebigkeit. Es ist ein Unterricht, bei dem Kinder so weit als möglich die Verantwortung für ihr Lernen selber übernehmen, unter der Obhut des Lehrers.

Das verlangt einen Lehrer, der weitgehend auf die Rolle des mitreißenden Führers verzichten kann. Er kann nicht mehr bestimmen, was er den Kindern gibt und dafür von ihnen bekommt. Er muß lernen, mit ihnen zu teilen, seine, aber vor allem ihre Erfahrungen und Freuden. Er muß zuhören, hinschauen, nachdenken, erkennen, verstehen, natürlich auch anregen und fordern.

Kinder brauchen Erwachsene, die bereit sind, wichtige Erfahrungen mit ihnen zu teilen, statt sie bis in ihr Denken und Fühlen hinein zu gängeln.

Mit Gisela, Lehrerin für Deutsch und Sozialkunde, bin ich im Auto unterwegs in eine mittelgroße Stadt. Sie soll dort in der Volkshochschule einen Vortrag halten zum Jahrestag der Bücherverbrennung. Ganze sechs Zuhörer werden an dem Abend kommen.

Gisela erzählt von einer Arbeitsgemeinschaft zum Thema »Literatur im Dritten Reich«, die sich ein paar Monate lang unabhängig vom Schulunterricht in ihrer Wohnung traf. Zum größten Teil waren das ihre eigenen Oberstufenschüler. Einmal hat sie ihnen einen längeren Vortrag über die Bücherverbrennung gehalten, weil sie danach gefragt wurde und alle gebannt lauschten, immer mehr wissen wollten.

Nach einer Stunde fiel ihr auf: »Aber genau das, was ich euch jetzt erzähle, habe ich euch vor einem halben Jahr im Unterricht erzählt. Warum ist das denn jetzt neu für euch?« Die treuherzige Antwort, die alles erklären sollte: »Aber das war doch in der Schule!«

Es muß etwas in der Schule sein, was die Menschen hindert, das, was sie dort erfahren, für sich und ihr Leben ernst zu nehmen.

Um viertel vor zwölf kommt Jan an meinen Schreibtisch. Er hat seine Schreibarbeit unterbrochen, um mich etwas zu fragen: »Ute, singen wir heute noch was?« – »Möchtest du's?« – »Ja!« – »Gut.« Strahlend geht er an seine Arbeit zurück. Eine Weile später rufe ich alle nach vorne, nun soll gesungen werden. Und das haben wir Jan zu verdanken, dem nach Singen zumute ist und der mich daran erinnert hat, daß es gut wäre, es miteinander zu tun. »Danke Jan!« Und dann singen wir.

In den Tagebüchern finde ich an einem Tag bei Julia und bei Isis einen Eintrag unter der gleichen Überschrift.

»Zorn
Gestern wollte die Julia, daß ich zu ihr komme. Dann sind wir in den Park gegangen. Julia wollte wippen. Halt! Es ging nicht wegen Nero. Julia wollte gehen. Ich habe gedacht, vielleicht muß Nero, und blieb. Als ich gekommen bin, wollte Julia fernsehen. Ich wollte nicht. Julia hat mich beinahe rausgeschmissen.«

»Zorn
Gestern habe ich mit der Isis gespielt. Die Isis will immer ihren Willen durchsetzen! Da habe ich einmal gesagt: »Du verwöhntes Gör!« Weil ich das nicht einsehe, daß ich immer machen muß, was sie sagt. Wir waren nämlich im Leopoldpark gewesen. Und sie wollte nie mit mir spielen. Das kann ich ja noch verstehen. Aber ich durfte ja nie den Nero halten.«

Vielleicht haben sich die beiden am Ende geschworen: *Das schreib ich morgen ins Tagebuch!* Jedenfalls hab ich es gelesen und beide wiedererkannt in beiden Geschichten. Als ich sie darauf ansprach, hatten sie sich längst wieder versöhnt, und wir haben miteinander über den Streit gelacht – nicht von höherer Warte, sondern einverständig. Ja, so sind wir manchmal, so wütend und verbohrt!

Mit Erlaubnis der beiden hab ich beide Texte getippt und für die Klasse vervielfältigt. Hausaufgabe: Lesen, sich in beide einfühlen, ihre Enttäuschung und Wut zu verstehen versuchen!

Beide haben recht!

Mann und Frau sitzen bei Tisch einander gegenüber, dazwischen an der dritten Seite das Kind. Mann und Frau reden, geraten ins Streiten, sind ganz verschiedener Meinung. Da streckt das Kind die Arme aus, berührt jeden der Streithähne mit einer Hand sanft und fest am Arm und sagt begütigend: »Beide haben recht!« Die Erwachsenen verstummen. Jahrelang habe ich das als eine Bitte um Frieden verstanden, um Einigkeit für das Kind. Die Erwachsenen sollten sich vertragen, damit seine Welt sicher sei, nicht zerrissen werde durch die Drohung einer Trennung.

Ich war die Frau in dem Streit. Und ich spüre noch die kleine, feste Hand auf meinem Arm, wenn ich mich in einem Streit erinnere. Die Weisheit dieses Satzes und dieser Geste verstehe ich erst heute, mehr als zehn Jahre später: Wir *hatten* beide recht. Jeder trat für eine richtige Sicht und gute Absichten ein. Nur waren wir beide außerstande, den eigenen Blickwinkel um den des anderen zu er-gänzen. Und es war dieser Frieden, um den das Kind bat, weil es, noch ohne im einzelnen zu verstehen, wovon da die Rede war, in jedem der beiden Erwachsenen einen Menschen erkannte, der es ernst meinte mit dem, was er sagte und der Achtung verdiente. Und auf keinen von beiden hätte es verzichten können.

Manchmal, sehr selten, gebe ich Strafaufgaben, wenn ein Kind immer wieder gegen eine unserer vier Regeln für das Zusammenleben in der Klasse verstößt. Da muß es sie zehnmal aufschreiben, weil ich es müde bin, sie ihm immer wieder vergeblich zu sagen. Früher hat es mich richtig böse gemacht, wenn die Kinder mir beim Abliefern einer Strafaufgabe sagten: »Hat mir Spaß gemacht!« Ich hatte das Gefühl, ausgeschmiert zu werden.

Ich wollte mit der Aufgabe dem Kind sagen: »Die Regel gilt und es ist an dir, sie einzuhalten. Du weißt ja, warum wir sie brauchen.« Die Kinder schienen auf einer anderen Ebene zu antworten: »Du kriegst mich nicht!« Und mein Ärger darüber mischte sich bei mir mit der Enttäuschung, nicht ohne Strafen auskommen zu können. Noch verzwickter:

Die Kinder wollten es nicht dulden, daß ich ihre Strafaufgaben in den Papierkorb warf, was ich eigentlich nett meinte »Vergessen wir das!« Eine unklare, unverstandene Sache, die Strafaufgaben, ich habe sehr oft nur damit gedroht und dann verschlampt, sie wirklich auszuteilen.

Jetzt habe ich die Regeln auf besonderen, linierten Blättern vervielfältigt, jede Regel auf einem Blatt, auf dem man gleich schreiben kann, in einem Ordner bereitgehalten. Mit einem Griff kann ich sie austeilen. Im selben Ordner werden die fertigen Strafaufgaben abgeheftet. So sehr mich eine Formalisierung der Beziehung von Kindern und Lehrern stört, diese scheint zu stimmen, ist ein Ritual, das symbolisiert, worum es geht:

Es gibt Regeln für unser Zusammenleben, sie geben der Gemeinsamkeit einen Rahmen und schützen sie vor der Willkür und Nachlässigkeit Einzelner. Ich bin als verantwortlicher Erwachsener bereit und imstande, auf der Einhaltung der Regeln zu bestehen. Wer immer wieder aus dem Rahmen fällt, muß sich nachhaltig an die Regel erinnern, die er verletzt. Das fertige Blatt hebe ich wie ein Dokument bei den Regeln auf, ich nehme es ernst.

Die Kinder wissen, daß es mir auch nicht leichtfällt, die Regeln einzuhalten, sie sind mit mir so nachsichtig wie ich mit ihnen. Als wir über *Erziehung früher und heute* sprechen, werden die Regeln aufgeschrieben. »Ringsum könnt ihr ja das

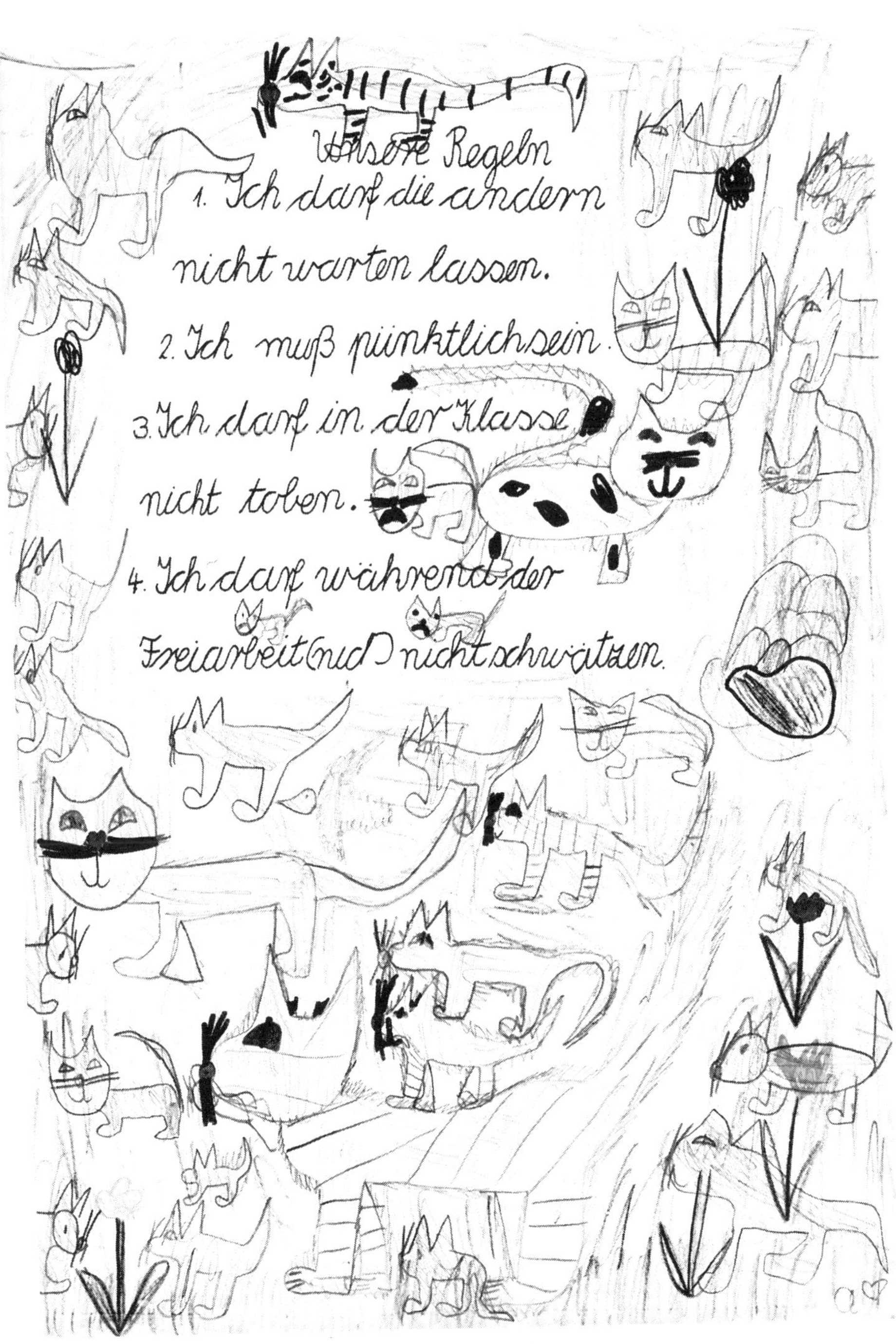
Unsere Regeln
1. Ich darf die andern
nicht warten lassen.
2. Ich muß pünktlich sein.
3. Ich darf in der Klasse
nicht toben.
4. Ich darf während der
Freiarbeit (nicht) nicht schwätzen.

ganze wilde Leben malen!« Mir scheint, das Julias Blatt – wie viele andere – beides versöhnt, das wilde Leben und die Ordnung. Beides hat recht.

Übrigens: *Schwätzen bei der Freiarbeit* – das ist störendes, ablenkendes Reden, nicht notwendiges und rücksichtsvolles Sprechen.

Sie versammeln sich im Kreis, die Zeit drängt, ich bin ungeduldig. Bettina redet mit Astrid. »Muß das sein, Bettina?« – »Astrid hat mich was gefragt.« – »Hatte das was mit dem hier zu tun?« – »Nein, mit ihrem Geburtstag.« – »Dann hättest du ihr sagen können: Später, jetzt ist nicht die richtige Zeit dafür.« – »Das hätte genauso lange gedauert wie das, was ich gesagt habe.« Ich muß laut lachen.

Beide haben recht!

Wir haben uns im Kreis niedergelassen, da sagt Christian, der mit Oli gleich neben mir sitzt: »Gestern hab ich mit dem Oli so gerauft! Wir haben gar nicht mehr gewußt, warum. Aber dann ist es uns wieder eingefallen.« Er gluckst vor Vergnügen. Und ich soll seine Freude mit ihm teilen. – »Warum habt ihr euch denn gerauft?« – Also: »Ich sollte John sein und er Johnny. Und dann war die Frage, wer ist älter und wer ist stärker. Das wußten wir nicht. Da haben wir uns geprügelt. Zwischendrin haben wir vergessen, warum. Aber dann ist es uns wieder eingefallen, und wir haben weitergemacht. Den ganzen Nachmittag haben wir uns nur geprügelt.« Oli setzt hinzu: »Bloß dann war es halb sechs, und ich mußte heimgehen.«

Christian und Oli sind die allerbesten Freunde, sowieso und unter allen Umständen. Alles, was ihnen gemeinsam begegnet, scheint sie miteinander zu verbinden. Wenn sie im Unterricht beisammen sitzen, ist es, als liefe da ständig ein zweites kommentierendes Programm. Das stört und lenkt ab. Ich setze sie auseinander, verbiete, daß sie sich überhaupt zusammensetzen, wenn sie mal wieder zuviel kichern. Sie nehmen das halb schuldbewußt, halb sportlich auf und versuchen bei der nächsten Gelegenheit, meinen anerkannten Gründen ein Schnippchen zu schlagen und sich heimlich und sehr brav nebeneinander zu setzen. Nur merke ich das irgendwann, weil das zweite Programm wieder läuft. Dann geht das Spiel von vorne los, in aller Freundschaft. Das muß man auskämpfen.

RAMP

Lotte geht in eine kleine private Ganztagsschule. Dort sind die Kinder von 8.00 bis 17.00 Uhr in Fürsorge eingehüllt. Wenn es zur Pause gongt, steht vor jeder Klasse ein Tablett mit Getränken bereit. Beim Mittagessen werden ausgesuchte Bücher vorgelesen. Auf jedem Tisch liegt eine Decke und jedes Kind hat seine eigene Serviette. Das Essen könnte nicht besser sein, auf jeder Portion Schokoladenpudding thront ein Sahnehäufchen. Wer nachmittags in der Lernzeit brav war, bekommt eine süße Belohnung.

Als Lotte das Haus das erstemal betrat, um die Schule kennenzulernen, wollte sie gleich dableiben, so fein und friedlich, so überlegt und gepflegt wirkte alles, wie ein geliebtes Zuhause. Nach ein paar Monaten fühlte sie sich eingesperrt, klagte darüber, daß eine Lehrerin, wenn sie am Tisch säße, ihnen immer allen das Essen auf die Teller täte. Sie wollten sich aber selber nehmen.

Einmal, auf dem Weg durch die Stadt, kommt sie mit ihrer Mutter an einem großen, etwas düsteren Schulhaus vorbei. Vielleicht soll sie im nächsten Schuljahr in diese Schule gehen. Die Mutter erzählt, daß sie gehört habe, dort würden die Schüler manchmal große Sammlungen veranstalten, um Menschen, die in Not geraten sind, zu helfen. Lotte schweigt eine Weile, dann fragt sie hoffnungsvoll: »Ist das eine Schule, in der die Kinder auch glücklich sein können?«

Die Mutter erschrickt. Sie hat selber schon einmal gedacht, daß in Lottes Schule sich die Lehrer den Lebensraum geschaffen haben, den sie selber sich wünschen, und daß sie die Kinder brauchen, damit die ihr Spiel mitspielen.

Fragen an die Klasse und das Einsammeln von Antworten haben dann einen guten Sinn, wenn der Lehrer dabei zu erfahren sucht, wie die Kinder denken, was sie wissen, womit sie das Thema verknüpfen, in welchen Zusammenhang er das, was er ihnen zu sagen hat, stellen kann.

Statt dessen ist es meistens so, daß die Kinder versuchen, zu erraten, was der Lehrer hören will. Sie suchen sich anzupassen an das, was er denkt. Er sammelt ihre Antworten auf der Suche nach der einen, die seiner Erwartung möglichst genau entspricht. Alle andern drängt er zurück. Dazu muß er sie nicht einmal falsch nennen, er braucht sie nur nicht anzunehmen. Da geraten die Kinder schnell ins blinde Raten.

Lehrer regen sich natürlich auf über solche Raterei, es ist ihnen, als hätten sie Dummköpfe vor sich. Dabei züchten sie die blinde Raterei selber. Schon damit, daß er insgeheim auf die *richtige* Antwort wartet, weckt der Lehrer den Rateeifer der Kinder. Wenn er Impulse gibt, statt ehrlich zu fragen, sowieso. Die Kinder möchten es recht machen, aus Freundlichkeit oder aus Ehrgeiz, und wagen dafür auch Angebote, die für sie selber keinen Sinn haben. Sie hoffen, damit diesen undurchschaubaren und unberechenbaren Erwachsenen auf geheimnisvolle Weise zufriedenstellen zu können.

Lotte ist zur Anmeldung in die neue Schule gegangen. Das Haus gefällt ihr nicht, so hohe, dunkle Flure ist sie nicht gewöhnt, alles sieht etwas ungepflegt aus. Die Schule bekommt gerade einen Anbau, dann soll der alte Teil renoviert werden. Lotte ist nah an den Tränen: »Ich will hier nicht hin!« Die Mutter entdeckt einen Anschlag der Schülermitverwaltung am schwarzen Brett.

»Klassenzimmerrenovierung
Es wird vom Direktorat darauf hingewiesen, daß die Schüler ihre Klassenzimmer selbständig »renovieren« dürfen. Größere Arbeiten (Regale aufstellen, Löcher vergipsen) sollen in einer Aktion unter Mithilfe einer Lehrkraft erledigt werden. Diese soll aber erst im Oktober 1985 – also im nächsten Schuljahr – gestartet werden, da es sich für Klassen, die das Zimmer wechseln werden, jetzt kaum lohnt, größere Reparaturen zu erledigen.

Allerdings können durchaus z.B. Bilder aufgehängt, Blumen aufgestellt werden. Bitte sprecht Euch vorher auf alle Fälle mit Eurer Klassenleitung ab!«

Das merkwürdige Deutsch muß die Mutter für Lotte übersetzen, aber dann steht für die fest: »Hier will ich hin! Das soll meine Schule sein!«

Eine Kollegin vom Gymnasium erzählt mir, in ihrer Schule hätten die Schüler vor der Renovierung auch die Klassenzimmer ausschmücken dürfen, manche bekamen wunderbare riesige Wandmalereien. In einer Klasse habe sie wie in einem Urwald unterrichtet, in einer anderen wie in einer Säulenhalle. Die Renovierung ist abgeschlossen, die weißen Wände müssen geschont werden.

Einem Architekten hätte sie gerne die Wandbilder gezeigt. Er beklagt sich, daß die Schüler in der von ihm gebauten Schule nicht kreativ seien. Er hat sich Tafeln neben den Klassentüren ausgedacht, die die Schüler nach eigenem Geschmack mit einer Art Wappen ihrer Klasse bemalen sollen. Sie tun es nicht.

Es war eine Maus,
die hatte drei Kinder,
die hießen Marie, Julia
und Robert. Sie aßen
am Tisch. Einmal sollte
es Käse geben. Die
Maus ging in die Küche.
da sah sie keinen
Käse mehr. Ein Wiesel
wars. Da draußen im
Matsch, da sind die
Spuren eingedrückt.

Wolfgang

Geschrieben, gesetzt, gedruckt
und an alle verteilt.

Die Kinder sind mit allen Aufgaben des Kleinen Einmaleins vertraut, haben viel davon im Kopf, wissen auch, daß *man jede Malaufgabe umdrehen kann.* Aber die Beziehungen zwischen den Einmaleinsreihen sind noch nicht aufgetaucht. Ich plane, Kaffeesahne zu besorgen, da sind immer drei Fläschchen zusammen in Folie eingeschweißt. Man kann sie als Sechser und Neuner gruppieren, und wenn wir damit fertig sind, werde ich die Sahne daheim verbrauchen.

Meine Sorge: Die Vorstellung der Kinder könnte zu fest an den Fläschchen klebenbleiben. Darum die Hausaufgabe: *Geht in einen Laden, schaut euch um, was es dort alles zu mehreren verpackt gibt.*

Als ich dann selbst zum Einkaufen gehe, fällt es mir wie Schuppen von den Augen: Nicht nur Eier, Lollis und Kaffeesahnefläschchen sind *gebündelt*, alle möglichen Dinge soll man nicht einzeln, sondern als Zwillinge, Drillinge, Vierlinge kaufen. Am liebsten würde ich von jedem Artikel, der so daherkommt, zehn Packen kaufen, für jede Einmaleinsreihe gleich mehrere Variationen. – Nicht nötig, die Kinder sehen sich ja auch um.

Und wie sie sich umgesehen haben! Sie sitzen mit ihren Notizzetteln im Kreis und führen ihre Entdeckungen vor. *Die* Hausaufgabe hat Spaß gemacht! Aus den Notizen werden wir später Aufgaben basteln, ausrechnen, wieviel ein Stück aus der Packung kostet ... Dann komme ich dran: 10 mal drei Päckchen Schokoladenpudding habe ich mitgebracht, das ganze Dreier-Einmaleins. Wie sie bei der Sache sind! Wir legen die Päckchen nebeneinander, stapeln zwei und drei aufeinander und ent-decken. $18 = 6 \cdot 3$, $18 = 3 \cdot 6$, $18 = 2 \cdot 9$ usw., alles satt von Lust auf Pudding.

Wir werden, wird ausgemacht, Schokoladenpudding kochen, wenn alle verstanden haben, wie das Dreier-, Sechser- und Neunereinmaleins zusammenhängen.

Drei Tage lang wird nun gerechnet, jedesmal etwa zwei Stunden lang. Unzählige Aufgaben werden gezeichnet und geschrieben. Am Anfang sind einige Kinder etwas muffig. Mit der Übung wächst die Sicherheit, mehr und mehr Kinder rechnen zugleich konzentriert und spielerisch. Wer unsicher wird, kommt zu mir. Fehler werden gerne berichtigt, wenn wir sie zu zweit verstanden haben. Wer fertig ist, liest. Wer länger braucht, ist am Ende so glücklich wie der beste Rechner, wenn nicht noch glücklicher. Er hat ja mehr dazugelernt.

Mehrere Kinder bedanken sich, als ich ihre Aufgaben mit einem Herzchen (das heißt bei uns *perfekt*) abzeichne. Dreimal bekomme ich einen Kuß. Was haben sie von mir bekommen? – Gelegenheit, einen komplizierten Zusammenhang gründlich kennenzulernen, ohne Hetze, ohne Drohung, abbrechen zu müssen. Ein tüchtiges Stück Arbeit, das sich gelohnt hat und am Ende zum Spiel wurde. Zaghaftigkeit und Widerwille haben sich in Leichtigkeit und Eifer verwandelt.

Schreiben wir jetzt einen Test? Wir kochen Schokoladenpudding!

Nachspiel

Unserer Klasse gegenüber ist eine Mädchentoilette. Im Vorraum gibt es fließend heißes Wasser. Dort haben wir Topf, Schneebesen, Gummischaber und 25 Glasschüsseln vom Puddingfest eingeweicht – und vergessen. Es stinkt entsetzlich, als man mich darauf aufmerksam macht. Ach du lieber Schreck! Für eine Weile habe ich mit dem Gefühl zu kämpfen, ich hätte mich und meine ganze Arbeit mit dem schmutzigen Geschirr als nichtswürdig entlarvt.

So ist das: Wenn man in der Schule etwas tut, was vom Üblichen abweicht, darf nichts schiefgehen. Sonst zählt sehr schnell nur die Unordnung, die dabei entstanden ist. Lebensfreude ist verdächtig, wenn sie eine Dreckspur hinterläßt. Vielleicht aber dient die Empörung der Rechtschaffenen in Wahrheit der Abwehr der eigenen Schuldgefühle gegenüber all dem Leben, das sie im eigenen Machtbereich nicht zulassen.

Das ist ein Rechenzettel von Christian aus der ersten Klasse. Die Zahlenreihe rechts hat er gebraucht, um seine Ergebnisse zu kontrollieren. Er hat sie weggefaltet, bis er fertig gerechnet hatte, dann wieder aufgedeckt und – hurra! Alles war richtig!

Statt sich selbst zum Lob das Herzchen unten auszumalen, hat er einen Skispringer gezeichnet. Gleich saust er über die große 1 und durch die Luft, vielleicht mit derselben Freude, die Christian beim Rechnen erlebte. *Ich kanns!*

S 10

5 - 2 = 3	✓	2
7 - 3 = 4	✓	3
6 - 4 = 2	✓	4
5 - 4 = 1		4
4 - 3 = 1		3
2 - 2 = 0	✓	2
9 - 2 = 7	✓	2
3 - 2 = 1	✓	2
7 - 1 = 6	✓	1
8 - 6 = 2	✓	6
10 - 5 = 5	✓	5
7 - 1 = 6	✓	1

♡

John Holt schreibt irgendwo, manche Kinder, die leicht lernen, wirkten, als hätten sie ein Liebesverhältnis mit dem Leben. Das sind die Kinder, deren Augen aufleuchten, wenn man ihnen etwas Neues erzählt, die gleich etwas zu erzählen oder zu fragen haben und sich zutrauen, auch unbekannte Aufgaben zu bewältigen. Sie überblicken sie und finden intuitiv einen Weg, sie zu lösen. Sollte die Schule diese Haltung nicht pflegen und entwickeln? Sollte sie nicht die anderen, zaghafteren Kinder ermutigen, sich von der Lebensfreude und der Zuversicht anstecken zu lassen?

Hier ist ein Beispiel dafür, was statt dessen viel zu oft geschieht, welche Grämlichkeit und Enge sich den Kindern zum Maß macht. Ich hab' es von Sebastians Vater, der empört war, daß sein Junge an einem Tag drei so verrückte Textaufgaben zu lösen hatte. Und darunter dann von der Lehrerin ein roter Haken, kein Lob, nicht einmal ihr Signum.

»Leichte Textaufgaben kann Sebastian im Kopf in wenigen Sekunden ausrechnen. Für die Aufgabe *Ein Piratenbuch kostet 14 DM. Erich hat 8 DM gespart. Den Rest bezahlt die Oma.* brauchte er über eine halbe Stunde und hat dabei viel geweint.

Sebastian hat dabei gelernt, daß er sich auf seinen gesunden Hausverstand nicht verlassen darf und daß einfache Denkaufgaben nur sehr umständlich, kompliziert (6 Schritte) und schwierig zu lösen sind. Für mich als Vater ist dies ein schöner Beweis, wie es der Schule gelingt, durch *gute* Didaktik den Kindern Selbstvertrauen zu nehmen, Lerneifer und Lernfreude zu zerstören und die Lust an der Schule und am Lernen, die bei jedem Erstkläßler stark da sind, in kurzer Zeit in Unlust und Angst zu verwandeln.«

Ein Piratenbuch kostet 14 DM. Erich hat 8 DM gespart. Den Rest bezahlt die Oma.

Ich weiß: 8 DM 14 DM

Ich frage: Wieviel DM bezahlt die Oma?

Ich zeichne:

O O O O O O O Ø Ø Ø Ø
Ø Ø Ø Ø

Ich rechne: 14 DM − 8 DM = 6 DM

Ich prüfe: 6 DM + 8 DM = 14 DM

Ich antworte: Die Oma bezahlt 6 DM

Christian (7 Jahre alt) hat seinem Tagebuch einen Kummer anvertraut, hat geschrieben und gezeichnet.

Neben dem toten Kaninchen liegen Grabbeigaben: Möhren, Blumen, Tannenzweige, Kekse. Ich frage ihn, wie er darauf gekommen sei. »Einfach so«, sagt er. Er hat sich etwas ausgedacht, was die Menschen früher, in der Steinzeit, auch bei uns getan haben. Die Grabbeigaben, die über die Jahrtausende erhalten blieben, haben späteren Menschen, die die Gräber öffneten, *erzählt*, was die Verstorbenen zum Leben gebraucht haben, wie man früher gelebt hat. Grabbeigaben sind also eine Quelle der Geschichtsschreibung. Das will ich, Christians Zufallsidee zum Anlaß nehmend, den Kindern erklären, damit später im Fach *Geschichte*, wenn lehrplanmäßig von Grabbeigaben die Rede sein wird, die Erinnerung an Christian und sein Kaninchen wieder wach wird.

Er ist aber gar nicht zufällig darauf verfallen, wie sich dann herausstellt. Viele Kinder aus der Klasse haben schon auf ähnliche Weise Tiere begraben. Carolin erzählt von ihrer Katze. Als Viola noch lebte, ist sie gerne einem Stein nachgesprungen, den Carolin an eine Schnur gebunden durch hohes Gras hinter sich herzog. Den Stein mit der Schnur hat Carolin ihrer toten Viola mit ins Grab gegeben, als sie verunglückt war. Als sie das erzählt, spüren wir, wie sehr sie das selber tröstet. Wolfgang erzählt von einem ganzen Mäusefriedhof, den er bei seinen Großeltern auf dem Land angelegt hat. »Den Mäusen habe ich immer Speck mitgegeben oder Käse«, sagt er. »Und einmal habe ich eine Katze begraben, der habe ich eine Maus mitgegeben.« Das sind nur zwei der vielen ähnlichen Geschichten, die bei uns im Kreis erzählt werden.

Ich komme mir reichlich lächerlich vor mit meinem Vorsatz, den Kindern etwas über die Beweggründe von Steinzeit-

28.2.85

Gestern wurde mein
Kanichen eingeschlefefert.
Mein ~~Vater~~ Vater macht
in Heute einen Sarck.

menschen erklären zu wollen, die ihren Verstorbenen Speisen und Geschirr, Waffen und Schmuck mit ins Grab gaben.

Was kann ich meinen Kindern mitgeben, damit ihr Geschichtslehrer später erkennt, daß sie einmal wußten, was unsere Vorfahren empfanden, wenn sie die Toten begruben?

Meine Tochter fragt mich, wie denn den Menschen in Pompeji zumute gewesen sei, als der Vesuv ausbrach, ob unter unseren Füßen wirklich die Erde rotglühend sei und wie lange man graben müsse, bis das Flüssige komme. Sie will wissen, wie es war, als ich hier in München etwas von einem Erdbeben gespürt habe; immer wieder soll ich es ihr erzählen. In der Schule nehmen sie den Vulkanismus durch, und ganz offenbar weckt das viele Ängste bei ihr. Irgendwann frage ich sie: »Hast du denn schon erzählt, daß du zweimal auf einem Vulkan gewesen bist?« Ihre Antwort: »Im Unterricht dürfen wir nichts erzählen, nur Fragen beantworten!«

Martin Wagenschein hat schon vor langer Zeit aufgeschrieben und in seinen Büchern drucken lassen, wie Kinder sich Gedanken machen über physikalische Zusammenhänge, lange bevor sie sie erklärt bekommen. Wo sind die Lehrer, die das gelesen haben? Wo sind die Lehrerbildner, die diese Lektüre ihren Studenten zur Pflicht machen? Jedem Lehrer ist es erlaubt, seine Schüler wie Dummköpfe zu behandeln. Er müßte sie nur mal fragen lassen, sich die Fragen stellen lassen, die sie an seine Themen hätten. Er käme aus dem Nachdenken nicht mehr heraus, und all sein vermeintliches Wissen würde ihm zu einem armseligen Häufchen zusammenrinnen.

Mißachtete Erfahrung

Alle schreiben in ihren Tagebüchern, nur Kirja zeichnet schon wieder. »Du sollst doch schreiben!« mahne ich ihn unfreundlich. Am liebsten scheint er immer zeichnen zu wollen und soll doch schreiben üben. »Ich bin schon fertig mit Schreiben!« sagt er geduldig und hebt sein Heft hoch. Was dort über das Weltall steht, erinnert mich an die Zeit, als ich selber draußen im Dunkeln stehenblieb, zum Himmel hinaufsah und versucht habe, mir vorzustellen, was Unendlichkeit ist.

Kirja hat recht, mehr kann man dazu nicht schreiben. Und es ist phantastisch, wie er die Doppelseite benutzt, um seine Vorstellung vom Weltall Bild werden zu lassen. Als ich später noch einmal in sein Tagebuch sehe, finde ich noch eine Doppelseite über den Himmel.

> Mit dem Hunger nach der Unendlichkeit wird
> der Mensch geboren; er spürt ihn früh;
> aber wenn er in die Jahre des Verstandes kommt,
> erstickt er ihn meistens leicht und schnell.
>
> Wilhelm Raabe, Der Hungerpastor

Das Weltall ist riesig!
So riesig daß es unmöglich
wäre mit einem Raumschiff
aus dem WELTALL zu fliegen!

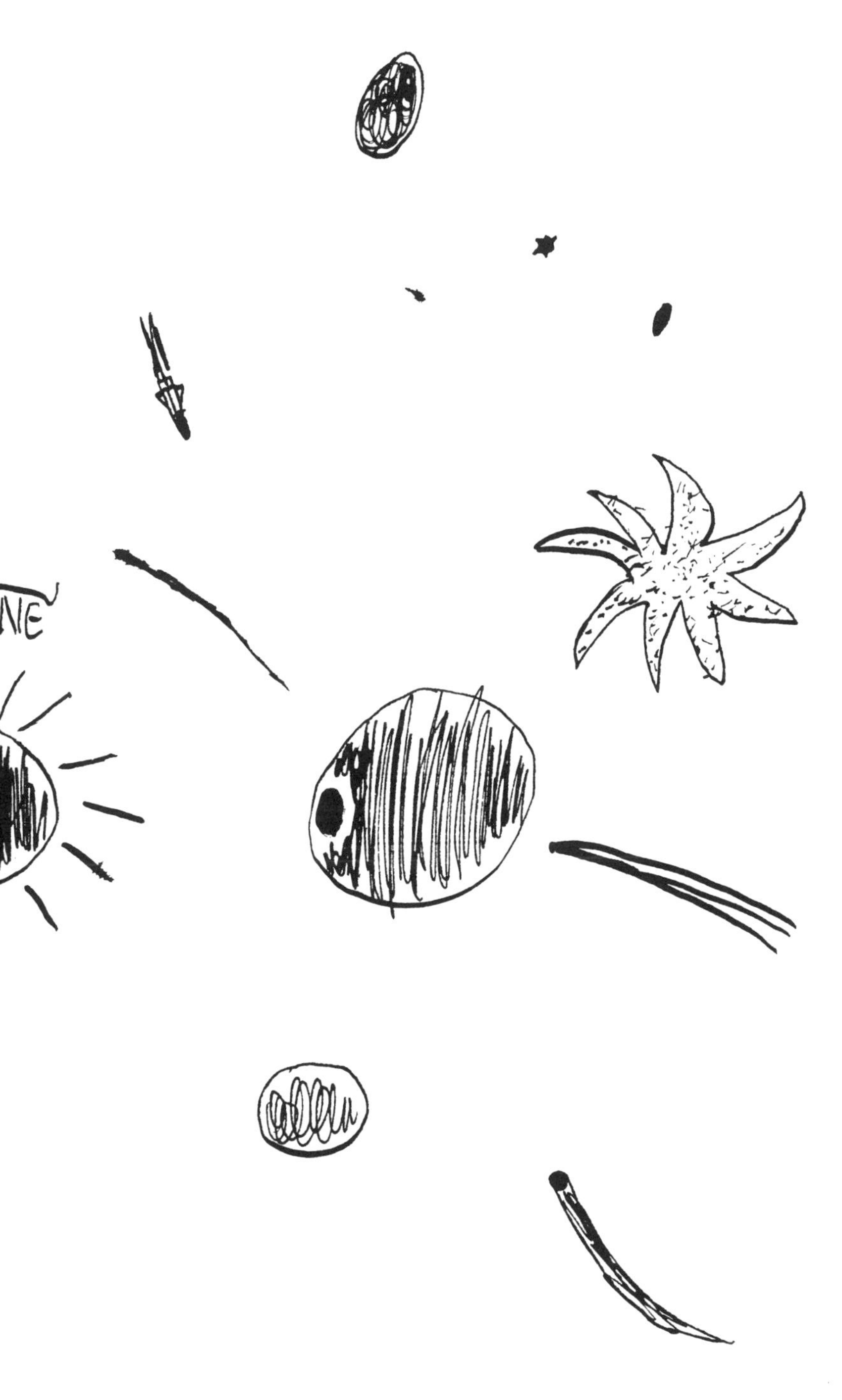

§ 20.2.'85 §

An einer schönen klaren Nacht. Als ich nicht schlafen konnte, sah ich aus ~~x~~ dem Fenster in die Nacht. Und sah wunderschöne Sterne!

so sah es aus

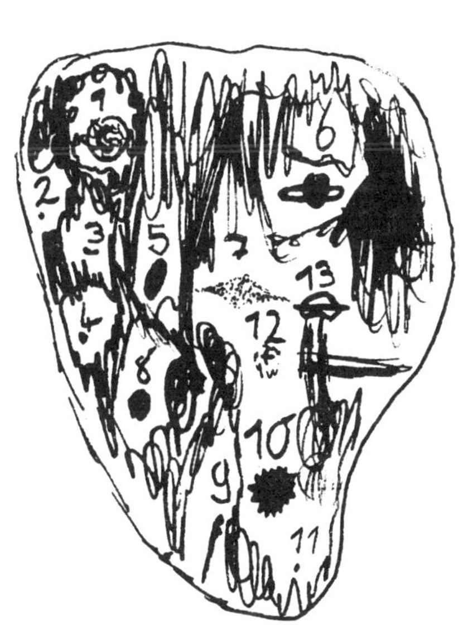

1. MOND
2. PLUTO
3. PLATANIURUS
4. JUPITER
5. GALAXRE
6. SATURN
7. GALAXUNS
8 URANUS
9. KOMET
10. FERNEGALAXIS
11.
13. U.F.O.
12. FLUGZEUG

Der Ehrgeiz der Lernpsychologie, so lese ich, sei es nicht, sich darum zu kümmern, Kindern das Lernen zu erleichtern, die Bedingungen für lustvolles und nachhaltig wirksames Lernen zu bestimmen. Ihr Ehrgeiz sei es, zu untersuchen, ob und wieweit sich bestimmte Modelle vom Lernen bei Ratten, Mäusen, Tauben, Menschen verifizieren lassen, am besten im Labor, im reinen Experiment.

Wenn man sich in der Schule kurzschlüssig auf die Lernpsychologie bezieht, ihre Laborergebnisse in Anweisungen für den Unterricht übersetzt, ist sie weit weg.

Die Lernpsychologie schwänzt die Schule – oder fehlt sie entschuldigt?

Der Lehrer sollte im Unterricht etwas wagen und dann aus dem Gelingen oder Scheitern zu lernen versuchen – etwas über die Kinder, den Stoff, sich selbst, die Möglichkeiten des Lernens. Statt dessen empfiehlt uns heutige Didaktik, einen Plan zu machen, der möglichst alle Risiken ausschaltet. Sein Gelingen wird erzwungen oder vorgetäuscht, sein Scheitern vertuscht oder entschuldigt, aber nicht ernstgenommen und verstanden. Allenfalls werden Störungen angenommen: mangelnde Disziplin, Lernwilligkeit, Begabung. Oder Unvollkommenheit des Plans. An der Planbarkeit von Unterricht bis ins Detail wird nicht gezweifelt.

Ich bezweifle, daß die Vertreter der Didaktik an den Universitäten nichts davon ahnen, wie menschenverachtend Unterrichtsplanung an den Schulen verwirklicht wird. Aber sollen sie denn der Lehrer Hüter sein?

Die Didaktik schwänzt die Schule – mit bestem Gewissen wahrscheinlich.

Die abergläubische Furcht vor Fehlern gipfelt bei manchen jungen Lehrern darin, daß sie beim Korrigieren von Diktaten alle falschgeschriebenen Wörter mit Tipp-Ex oder Klebestreifen verschwinden lassen. Begründung: Das Fehlerwort prägt sich dem Kind zu sehr ein, wenn es noch einmal draufblickt. So glaubt man es aus der Lernpsychologie zu wissen.

Der Verstand des Kindes wird dabei vollkommen ignoriert, als lernte es nur, was man ihm buchstäblich einprägt. Alles, was es dann kann, ist Werk des Lehrers und seiner Methode.

Das ist eine menschenverachtende Haltung; sie entspringt, meine ich, der Angst des Lehrers. Er hat zugleich Angst vor der Unkontrollierbarkeit der Kinder und dem Kontrolliertwerden, Angst dabei erwischt zu werden, wie in seinem Unterricht etwas geschieht, wovon er nichts weiß, was er nicht gewollt hat.

Vor dieser Angst, die unverstanden bleibt, flüchtet er sich in Fleißaufgaben, hantiert am Ende mit dem Pinsel der Tipp-Ex-Flasche wie der Medizinmann mit dem Weihrauchwedel.

Die Kinder haben ihre eigenen Vertuschungs-Instrumente: Tintenhexe, Tintentod, Tintenkiller heißen sie. Manche brechen zusammen, wenn man sie ihnen fortnimmt, weil man es nicht mehr mit ansehen kann, wie sie immer kopfloser voranstolpern und hinter sich löschen. Aber bald atmen sie auf, die Hysterie läßt merklich nach, Fehler werden harmloser und seltener. Verdient aber keiner was dran.

Vielen Kindern habe ich schon beim Lesenlernen zugesehen. Manche haben mit Ganzwörtern angefangen, manche mit einzelnen Buchstaben. Meistens hantieren sie in den ersten Wochen des Leseunterrichts sowohl mit Wortbildern als auch mit Buchstaben. Immer kam der Augenblick, wo sie entdeckt hatten, was *lesen* wirklich ist. Da weiß man ganz sicher, wie ein Wort heißt, weil man es sich selbst zusammengesetzt, es ausgesprochen und wieder erkannt hat.

Diesen Augenblick des ersten wirklichen Lesens erkenne ich daran, daß ein Kind auch *die* Wörter, die ihm längst als Ganzwörter geläufig sind, nun erliest. Für den Erwachsenen, der zuhören soll, kann das eine Geduldsprobe werden. Es sieht ja so aus, als hätte das Kind etwas verlernt, was es vorher gut konnte. Dabei hat es das alte *Lesen* aufgegeben, weil es von der Gewißheit, die das selbsterlesene Wort begleitet, viel zuverlässiger getragen wird, als von der bloßen Assoziation von Wortbild und -klang. Es braucht eine lange Periode gewissenhaften Buchstabierens und Zusammenfügens, bis es wieder bereit ist, ein Wort auf einen Blick zu erkennen. Dann wächst eine neue Unbefangenheit im Umgang mit Wortbildern.

Diese Beobachtung lehrt: *Richtiges Lesen* verlangt solide Fundamente. Man muß sie sich selber zimmern, sonst weiß man nie so ganz, ob ihnen zu trauen ist.

Für Mathematik muß ähnliches gelten. Ob nun alle Menschen gleich gut für Mathematik begabt sind oder ob es da große Unterschiede gibt, muß uns nicht kümmern. Wichtiger ist, daß unzählige Kinder in der Schule an Mathematik scheitern und sich dann jahrelang damit quälen, weil man ihnen keine Zeit gelassen hat, sich beim Erlernen der Grundaufgaben ein solides Fundament zu zimmern.

Gerade im Mathematikunterricht sollte sich jeder Versuch verbieten, die Kinder in gleichen Schritten voran zu führen. Sie lernen dabei nichts, außer sich zu merken, wie's geht, und das dann nachzumachen. Die guten Rechner, die den Unterricht zu bestätigen scheinen, kannten meist vorher schon, was ihnen da begegnet. Die Anpassungsbereitschaft der Kinder und ihre Fähigkeit, zu erraten, was der Lehrer von ihnen erwartet, sind für ihn eine Falle. Sic tun, was er will, und er muß nicht merken, ob sie auch wissen, was sie da tun und warum. Kinder und Lehrer können sich dabei sogar ganz einig sein: Wer noch nicht richtig Bescheid weiß, läßt sich etwas schieben, bis er auf dem Gleis sitzt und die Spur halten kann. Am Ziel wird er gelobt, das ersetzt die Sicherheit, die man gewinnt, wenn man sich seinen Weg selber sucht.

Wir müssen lernen, auf die Fehler zu achten, die die Kinder machen, ihre Unsicherheiten ernstzunehmen als Ausdruck der Desorientierung durch aufgepfropftes Wissen. Statt die Kunst des Pfropfens zu verbessern, sollten wir uns mühen, die natürlichen Anlagen zu mathematischen Denkweisen zu entdecken, an sie anzuknüpfen, sie wachsen zu lassen, auch wenn da manchmal viel Wildwuchs ist, der später zurückgeschnitten werden muß.

Gleis, Pfropfen, Wildwuchs – drei Bilder, um zu beschreiben, daß Mathematikunterricht es immer zugleich mit Chaos und Ordnung, mit Fülle der Erfahrungen und Kargheit der Erklärung zu tun hat, und Fehler aus dieser Spannung entstehen. Ich behaupte, daß jeder Fehler im Mathematikheft einen guten Grund hat, den man entdecken kann. Einmal hatte ich ein Mädchen im ersten Schuljahr, Brigitte. Sie war im Rechenunterricht fast stumm. Ihr Rechenheft sah sehr ordentlich aus, aber was da für Zahlen standen, war oft nicht zu erklären. Nichts stimmte. Es sah aber gut aus, wie ein richtiges Rechenheft. Als ich verstanden hatte, daß Brigitte noch gar nicht soweit war, mathematischen Überlegungen zu folgen, daß sie aber alle Liebe zur Schule und zu mir in das Bemühen legte, ihren Aufgaben das richtige Gesicht zu geben, konnte ich ihr helfen.

Ein andermal habe ich eine Hausaufgabe voller Fehler einem Studenten in die Hand gegeben und gesagt, er solle herausfinden, welches System sie hätten. Drei verschiedene Operationen ließen sich erkennen, die wir in den Wochen vorher geübt hatten. Auf Bekanntes zurückzugreifen, ist richtig. Nur war hier der Schritt in die neue Aufgabenform noch nicht getan. Ganz offenbar hatte dieses Mädchen das Vertraute im Neuen noch nicht wiedererkannt.

Meine Zweitkläßler sollen das Halbieren üben. Ich meine, sie hätten das im Prinzip verstanden, müßten es nur noch zur Übung auf alle Zahlen zwischen 2 und 100 anwenden. Sie bekommen ein Aufgabenblatt und gehen an die Arbeit; wie mir scheint, mit etwas Mühe, aber willig. Ein Kind nach dem andern gibt sein Blatt ab.

Später lese ich in den Protokollen der Studenten, die an diesem Tag bei uns zuschauten, daß viele Kinder sich bei den Aufgaben gequält und sie wohl nicht richtig verstanden hätten. Das trifft mich! Ich fange an, nachzudenken.

Woran mag es liegen, daß den Kindern die Aufgaben schwergefallen sind? Was ist so geheimnisvoll am Halbieren, daß sie nicht einmal richtig merken konnten, wo ihre Unsicherheit begann? Sonst hätten sie mich wohl gefragt. Vielleicht liegt es daran, daß beim Halbieren die eine Hälfte einfach verschwindet, daß man nicht mehr sieht, wo sie geblieben ist, wenn die Aufgabe einmal gelöst ist. In der Wirklichkeit ergeben 24 Bonbons, die zwei Kinder sich teilen, nicht 12, sondern 12 und 12, nämlich 12 für jedes der beiden Kinder. In der Gleichung steht aber: 24 : 2 = 12. Wo sind die andern 12?

Als wir dann miteinander eine Schreibweise erfinden, die beide Teile zeigt, gehen sie mit Eifer erneut ans Halbieren. Auch die, die es beim erstenmal schon gut konnten. So ist es viel verständlicher! Und näher am eigenen Erleben. Auch die Studenten sind erlöst, freuen sich mit den Kindern.

Man mag nun sagen, ich hätte die Gleichung eben zu schnell eingeführt, mit zu wenig Veranschaulichung vorher, hätte schlecht geplant. Ich meine, es war nützlich für die Kinder, eine Unsicherheit zu erleben, zu erkennen und durch nachträglich daran geknüpfte Erfahrungen aufzuhellen. Sie haben dabei erlebt, wie ich versuche, ihre Schwierigkeiten ernstzunehmen. Das begründet am Ende ein anderes Vertrauen, als es entstünde, wenn ich ihnen Schwierigkeiten von vornherein aus dem Weg räumte.

Mir aber hat dieser Fehler im didaktischen Aufbau des Halbierens etwas gezeigt, was ich in fast zwanzig Jahren Unterricht noch nie so deutlich bemerkt habe: daß nämlich Kindern die Schreibweise einer Divisionsaufgabe so fremd ist, daß sie eine Brücke brauchen, die das wirkliche Aufteilen mit der Gleichung verbindet. Bevor sie die sicher handhaben, müssen sie die Aufgabe so schreiben, daß man immer noch alle Portionen sieht und auch, wieviel jeder bekommt. Ob das mathematisch korrekt ist, ist unerheblich. Die natürliche Weise, einen Teilungsvorgang in Worten oder in einer schriftlichen Notiz zu beschreiben, ist nicht falsch. Es ist eine andere Sprache als die der Mathematik, die man dann erst später als eine Art Abkürzung gerne übernimmt. Dann muß sich die natürliche Denkweise auch nicht mehr so oft einmischen und Fehler verursachen.

Unzählige Kinder fürchten Mathe, obwohl doch wohl alle einmal begierig waren, rechnen zu lernen. Das muß daran liegen, daß wir uns von ihren Fehlern und Hemmungen nichts sagen lassen. Wir zwingen sie, auf unsere Weise zu reden und zu denken, auch wenn sie dann stottern oder verstummen. Wir lassen ihnen nicht die Zeit, die sie brauchen, um mathematische Zusammenhänge zunächst auf ihre Weise zu sehen, zu erproben und zu benennen, und sich dann allmählich der konventionellen Sprechweise und mathematischen Denkweise anzunähern.

Wo kämen wir da auch hin! Die würden ja nie gleichzeitig fertig! Wir beschließen statt dessen, manche seien unbegabt für Mathematik und verdienten darum eine schlechte Note. Daß es dann meistens auch später bei schlechten Noten bleibt, beweist, daß sie tatsächlich unbegabt sind.

Eine kleine Übung: Lesen Sie die folgenden vier Gleichungen so, wie es mathematisch richtig ist, und versuchen Sie, die Worte mit den Ohren eines Kindes zu hören.

$$16 + 8 = 24$$
$$23 - 19 = 4$$
$$3 \cdot 4 = 12$$
$$24 : 8 = 3$$

Ahnen Sie jetzt, warum viele Kinder lieber *plus* und *mal* rechnen, als *minus* und *geteilt?* Was heißt denn jedesmal das *ist gleich?*

Ein Hinweis noch, eine Anregung, selber Beobachtungen zu machen: Mir scheint, daß viele Fehler beim Rechnen dadurch entstehen, daß Kinder magischen Zusammenhängen nachspüren, wenn wir es gar nicht vermuten, und gerade dann, wenn sie unsicher sind. Wenn man den Blick eine Weile auf den vier Gleichungen ruhen läßt, gewinnen die Vierer ein geheimnisvolles Leben. Hat es nicht doch einen geheimen Sinn, daß in jeder Gleichung eine 4 erscheint? Wer weiß!

Bei einem elfjährigen Jungen, Erik, mit dem ich Textaufgaben durchspreche, beobachte ich folgendes: Immer wenn er die Übersicht verliert, wenn er sich zwischen den verschiedenen Größen nicht mehr zurechtfindet, wenn er ein paar Schritte gerechnet hat und mehrere Teilaspekte gleichzeitig im Auge behalten müßte, um die Aufgabe zu lösen, sagt er: »Jetzt muß ich teilen!« Manchmal muß man das auch, aber erst zwei Schritte später oder andere Zahlen, als er vorschlägt. Micht packt jedesmal die Verzweiflung, weil der Vorschlag immer so hoffnungsvoll klingt und so dumm ist, und weil wir danach, wenn ich ihn zurückgewiesen habe, wieder von vorn anfangen müssen.

Endlich begreife ich, was hinter Eriks Vorgehen stecken könnte: Er hat nie recht begriffen, was beim Teilen eigentlich passiert, es ist für ihn eine magische Operation geblieben. Irgendwie wird alles kleiner, wenn man teilt, aus großen sperrigen Zahlen werden kleine handliche. Aber wie, das weiß er nicht.

Nun will er, wenn ihm eine Aufgabe über den Kopf wächst, den ganz großen Zauber anwenden, will teilen, damit hokuspokus alles wieder überschaubar wird. Und er versteht nicht, warum ich nicht mitmachen will.

Wir sind im Museum, in der Paläonthologischen Staatssammlung in München. Im Lichthof des Hauptgebäudes stehen Saurierskelette, vor jedem eine bewegliche Tafel mit Name, Bild und Erläuterung.

Ich habe mich für ein Weilchen auf die Treppe zurückgezogen, während die Kinder (4. Klasse) sich noch in Gruppen unter ihren geliebten Sauriern umtun. Da kommt einer der Buben und sagt mir grinsend: »Ich will ja nicht petzen – aber die vertauschen die Schilder!« Genüßlich sagt er das. Ich muß nach dem Rechten sehen. Die Übeltäter stehen kichernd beieinander. Kein schlechtes Gewissen! Sie haben das Schild vom Brontosaurus mit dem von Tyrannosaurus Rex vertauscht, sich auf die Seite gestellt und beobachtet, was wohl der Vater mit den beiden Kindern tun würde, der sich gerade auf dem Rundgang näherte. Er hat, so erzählen sie mir unter Gelächter, seinen Kindern den Tyrannosaurus mit Hilfe des Schildes vom Brontosaurus erklärt, hat nichts gemerkt und sich über die Unstimmigkeiten zwischen Skelett und Abbild weggemogelt.

Nina schließt den ganzen Scherz ab mit der gelassenen Bemerkung: »Typisch Vater: Von nichts ’ne Ahnung, aber große Reden schwingen!«

Das fällt mir immer wieder ein, wenn ich mich dabei ertappe, wie ich mein bißchen Wissen großzügig mit Erfindungen und Vermutungen ergänze, nur um den Kindern eine

Frage beantworten, eine Erklärung geben zu können. Welch ein Sieg für uns alle, als ich einmal zu schildern versuche, einfach so aus dem Nichtwissen, wie ein Seeadler Fische fängt, und mich Wolfgang kurzerhand unterbricht: »Das kann ich besser erklären!« Und er tut es.

Wir brauchen keine Methoden, die allen Fehlern vorbeugen. Im Gegenteil! Wir brauchen Lehr- und Lernmethoden, die ausschließen, daß ein Kind etwas richtig macht, was es gar nicht richtig verstanden hat.

Aus den Fehlern seiner Schüler kann ein Lehrer erfahren, was sie alles vor und neben der Schule und auch in der Schule schon gelernt haben und wie komplex die Denkvorgänge sind, die er in ihnen anstößt.

Vor allem aber sieht er da, wie wenig selbstverständlich die Erkenntnisse sind, die er ihnen nahelegt.

Die Fehler der Schüler sollten einem Lehrer kostbar sein!

Auf dem Leseblatt zum S stehen untereinander: See, Seele, Sessel. Kirja liest: »See, Seele, Sünde.«

Juliane arbeitet mit dem Kinderduden-Spiel: Jedes Wortkärtchen gehört zu einer Zahl im Bild, alle wichtigen Dinge haben eine Zahl. Juliane legt das Kärtchen »das Christkind« auf den Platz, auf dem »die Eltern« hingehört.

Wäre dies doch selbstverständlich:

☐ Du gehst in die Schule, weil du lernen willst.

☐ Du bekommst dort eine Aufgabe, die du verstehst.

☐ Es ist jemand da, der dir wenn nötig, hilft.

☐ Wenn du fertig bist, erfährst du, was deine Lösung taugt.

☐ Ist sie ungenügend, stellt sich die Aufgabe neu.

☐ Ist sie gut, bekommst du die nächste Aufgabe, die mehr von dir verlangt.

Wenn wir Lernen in der Schule so lapidar beschreiben, werden der Ernst und die Freude, die es erfüllen, nicht lebendig. Also noch einmal ausführlicher:

☐ Du gehst in die Schule, weil du hoffst, dort etwas zu lernen, was dir die Welt und die Fülle des Lebens erschließt und dir hilft, deinen eigenen Platz darin zu finden.

☐ Du bekommst eine Aufgabe, um dich daran zu erproben und damit zu wachsen. Du verstehst, was von dir verlangt wird und daß es deinen Horizont erweitern wird. Du besinnst dich auf das, was du schon kennst und weißt, streckst dich nach dem Neuen, nimmst den Schritt etwas größer als bisher.

□ Falls sich dir die Aufgabe versperrt, ist jemand da, der sich auskennt – mit der Aufgabe und den Schwierigkeiten, die sie mit sich bringt. Er schaut dir über die Schulter, fragt nach, hört zu und versucht, zu verstehen, was du denkst, wie du denkst und welchen Aspekt der Aufgabe du womöglich nicht klar erkennst. Dann lenkt er mit einem Wort, einem Fingerzeig deine Aufmerksamkeit auf das Übersehene und läßt dich weitermachen.

□ Wenn du die Aufgabe gut gelöst hast, bist du zufrieden, klar, gelöst. Die Gemeinschaft mit dem Lehrer ist gestärkt. Ein Lob, eine gute Note besiegeln das.

□ Wenn deine Lösung schwach ist, wenn sie nicht stimmt oder kraftlos und unentschieden dasteht, bist du unsicher, verwirrt und mutlos. Am liebsten möchtest du jetzt aufhören, davonlaufen, obwohl du weißt, daß du nicht fertig bist. Der Lehrer hilft dir, dieser unangenehmen Wahrheit ins Auge zu sehen und sagt dir: »So darf es nicht bleiben, so muß es auch nicht bleiben!« Dein Mut richtet sich an seiner Forderung auf. Du wirst die Aufgabe noch einmal anpacken, vielleicht nach einer Atempause oder auf einem Umweg.

□ Am Ende stehst du wieder auf sicheren Füßen. Die Gemeinschaft mit dem Lehrer, der dich ermutigt und geführt hat, bis du allein weiterkonntest, ist gestärkt. Auch die Gewißheit, daß du Schwierigkeiten gewachsen bist und nicht vor ihnen flüchten mußt. Du kannst den nächsten Schritt wagen.

Wäre dies doch selbstverständlich! Unsere Kinder, würden in der Schule lernen, die Wirklichkeit, auch wenn sie verwirrend und unerfreulich ist, klar ins Auge zu fassen und mutig ihren eigenen Weg zu suchen. Statt dessen gibt man den Kindern immer wieder, vor allem aber in Prüfungen, Aufgaben, die nur einige von ihnen wirklich sicher lösen können. Für die gibt es dann gute Noten. Die andern, die sich auch an die Aufgabe gewagt, sie aber nicht bewältigt haben, bekommen schlechte Noten. Der Lehrer sagt vielleicht »Schade!« oder »Das müßte besser werden!« oder auch »Einen Teil hast du geschafft«. Aber es heißt kaum einmal: »Wir setzen uns zusammen, ich helfe dir, und du wirst sehen, du kannst es schließlich auch!« Er läßt es dabei bewenden, viel zu oft. Und diese Gleichgültigkeit sagt insgeheim: *Die Aufgaben, der geprüfte Stoff sind eigentlich nicht wichtig!* und: *Es hat keinen Zweck, sich darum zu kümmern, daß du es auch lernst.* Das Kind sagt sich angesichts der schlechten Note: »Ich bin schlecht!«

Wie kann es nach so verwirrenden Erfahrungen überhaupt noch weiter zur Schule gehen, sich neuen Aufgaben, neuen Niederlagen stellen?

Dazu kommt, daß jeder Lernstoff, auf den es sich einläßt, Gedanken, Gefühle, Erinnerungen weckt. Es muß in jeder neuen Aufgabe Bekanntes wiedererkennen, um sich mit ihr auseinandersetzen zu können. So lange die Auseinandersetzung nicht beendet, die Aufgabe nicht gelöst ist, ist es an sie gebunden, auf eine oft unklare und schmerzliche Weise. Aufhören dürfen, Weggehen mag dann verführerisch sein, auch manchmal notwendig, um neue Kräfte zu sammeln, sich zu entkrampfen. Aber dann sollte man zurückkehren, um schließlich die Aufgabe und sich selbst aus ihr zu lösen.

Es fällt mir sehr schwer, zu beschreiben, was in Kindern vorgehen muß, wenn wir sie in Aufgaben schubsen, denen sie nicht gewachsen sind, und sie weiterstoßen, bevor sie sich zurechtgefunden haben.

Wie geht es uns Lehrern dabei?
Einen Lehrer muß es ängstigen, sich die Kinder mit den unerledigten Aufgaben genau anzuschauen, sich in sie einzufühlen, über sie nachzudenken. Wenn wir ihnen gerecht werden wollen, weil wir ihre Not und unsere Aufgabe ernstnehmen, können wir nicht weitermachen wie bisher, können wir sie nicht mehr allein lassen im Sumpf des Halbverstandenen und Unerledigten. Wir zwingen sie ja, wenn wir im Stoff weitermarschieren, ihr Versagen und alles, was damit zusammenhängt, abzuspalten und zu verdrängen. Wir zwingen sie, das, was in ihnen zu leben begann, als sie sich auf die Aufgabe einließen, im Sumpf zurückzulassen. Wir behindern und zerstören ihre Fähigkeit, sich mit der Wirklichkeit auseinanderzusetzen, wenn wir selber nicht den Mut haben, uns den Tatsachen zu stellen, die wir zu verantworten haben. Wir verwirren sie, weil wir vor unseren verwirrenden Aufgaben lieber die Augen verschließen, als sie mutig und tatkräftig in Angriff zu nehmen. Wir lassen sie in Angst versinken, weil wir der Angst nicht gewachsen sind, die uns befällt, wenn wir entdecken, wie schwer es ist, ein guter Lehrer zu sein.

Angefangene und unerledigte Aufgaben sind in der Schule etwas Alltägliches. Sie sind eine verborgene Quelle lähmender Schulangst. Daß trotzdem so viele Kinder in die Schule gehen, ohne daß man ihnen die Angst ansieht, daß viele sogar fröhlich bleiben in der Schule, sollte uns nicht beruhigen.

Irgendwo im Flur des Schulhauses liegt ein angefangenes Arbeitsblatt herum. Ein Kind hat es liegenlassen: *Mein Stammbaum* steht darüber. Ein trauriges Blatt! Stamm, Äste und Zweige des Baumes sind ausgemalt, die Blätter nur zum kleinen Teil. Allmählich finde ich mich zurecht: Unten steht der Name des Kindes, oben sollen die Eltern, darüber die Großeltern eingetragen werden. Etwas unlogisch, scheint mir. Wie können die vorausgegangenen Generationen aus dem heute lebenden Kind wachsen? Die Lehrerin hat zwar mit viel Mühe einen Baum gezeichnet – falls sie ihn nicht von einer Kollegin oder aus einer Arbeitsblattsammlung kopiert hat – aber nachgedacht hat sie nicht.

Das Kind, dessen Name im Stamm steht, kenne ich, auch seine Mutter. Sie hat das Kind gemeinsam mit ihrem Mann adoptiert, inzwischen ist sie geschieden und mit dem Kind allein. Der Vater kümmert sich wenig um die beiden. Ich weiß, daß das Kind viel über seine leibliche Mutter nachdenkt, mit seinem eigenen Schicksal wohl im Reinen ist, sich aber um sie Sorgen macht. Warum hat Renate das Blatt liegenlassen?

Wie mag sie sich gequält haben, daß sie die Aufgabe, ihre Herkunft zu dokumentieren, einfach fallen ließ? Ich erkundige mich bei der Mutter. Sie hat nie etwas von dem Stammbaum erfahren, obwohl das Blatt vor Monaten ausgegeben wurde. Sie findet auch kein zweites in Renates Schulheft, das sie sich hätte geholt haben können, als das erste verlorenging. Die Lehrerin weiß, daß Renate ein adoptiertes Kind ist und in einer *unvollständigen Familie* lebt. Sie sieht Renates Mutter häufig, aber nie hat sie versucht, mit ihr zu besprechen, wie man das Familienthema in der Klasse bearbeiten könnte, ohne Renate auszuschließen.

14. Eintrag
22.10.82
Mein Stammbaum
Vater von Vater
Mutter von Vata
Vater von Mutter
Mutter von Mutter
Vater
Muter
Renate Richter 5. 2. 1973

14. Eintrag
22.10.82
Mein Stammbaum
Gerda
Töpfer, geb. Schmitt
* 11.9.1921
Karl
Töpfer
* 29.9.1912
Auguste
Zanger, geb. Oster
* 4.11.1921
Harald
Zanger
* 31.12.1912
Roswitha
Zanger, geb. Töpfer
* 26.6.1946
Harald
Zanger
* 26.3.1948
Großeltern
Eltern
Kind
Bärbel
Zanger
* 10.12.1974
3
Generationen

In einem anderen Heft sehe ich später den stolzen Stammbaum eines normalen Kindes. So gehört sich das!

Der Autor des Nachworts zu der Insel-Ausgabe der Sudelbücher sagt über Lichtenberg: »Sprachliche Hellhörigkeit, Bewußtsein der Physiognomie der Wörter ist ein anderer Aspekt der dichten Verflechtung ihres Klangs mit Vorstellungen und Begriffen. Hart stoßen sich ihm im Wort die Sinne und Begriffe.« Und dann zitiert er Lichtenberg:

»Despaviladera heißt eine Lichtputze auf Spanisch. Man sollte glauben, es heiße wenigstens kaiserlicher Generalfeldmarschallieutenant.«

»Man sollte Katharr schreiben, wenn er bloß im Halse, und Katarrh, wenn er auf der Brust sitzt.«

Sprachliche Hellhörigkeit, ohne sie würden unsere Kinder gar nicht sprechen lernen, was wird daraus in der Schule? Da ist jedes eigen-artige Wort, ganz gleich, wieviel Erfahrung und Überlegung es mitbringt, so falsch wie ein einfach nur hingehudeltes Wort. Falsch, falsch, falsch!

Soll denn jeder wieder so schreiben dürfen, wie er mag? Manch einer kann doch dann selber kaum lesen, was er geschrieben hat! Ja, es ist nötig, die richtige Schreibweise der Wörter zu lernen, es mit dem Rechtschreiben genau zu nehmen. Mein Gefühl, das sich gegen einen Brief wehrt, der von Rechtschreibfehlern wimmelt, sagt mir, daß der Schreiber achtlos und rücksichtslos mit mir umgeht, wenn er mir zumutet, ihn so zu lesen und ernst zu nehmen. Aber der Brief eines Schreibanfängers rührt mich.

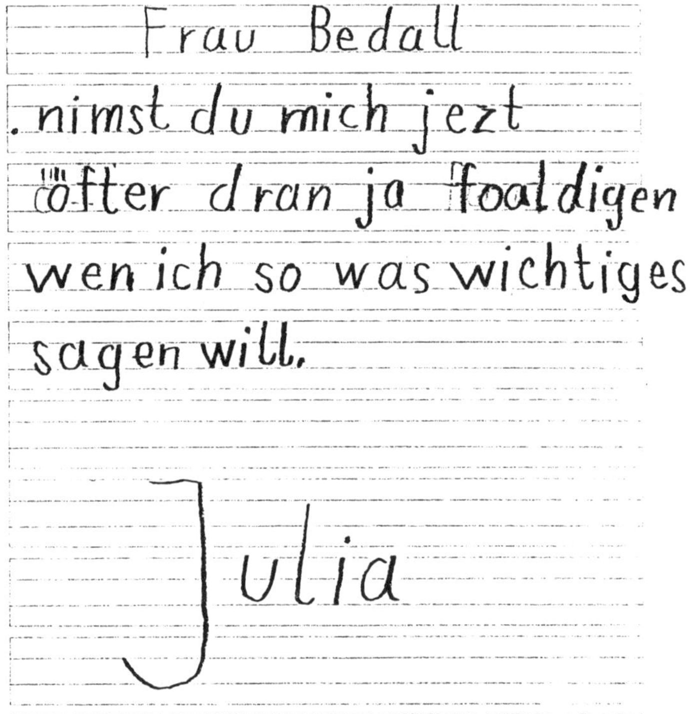
Frau Bedall
nimst du mich jezt
öfter dran ja foaldigen
wen ich so was wichtiges
sagen will.

Julia

Oft schon habe ich erlebt, wie einem Kind alle Rechtschreibsicherheit zusammenbrach. Anfangs hat es die aufgegebenen Wörter sorgsam richtig geschrieben. Dann entdeckt es, daß es mit aufgeschriebenen Wörtern selber etwas erzählen kann, daß die Sprache auf dem Papier seine eigene Sprache sein könnte. Und nun fließen offenbar soviele mit dem Klang verbundene Vorstellungen und Begriffe in die Wörter ein, daß sich ihre Physiognomie verändert. Wahrscheinlich bekommen sie nun erst ein Gesicht. Auf dieses ganz persönliche Gesicht der Wörter verzichtet man, wenn man sie an die Norm anpaßt. Die Anleitung dazu braucht Takt.

Es muß Wege geben, daß die Erwachsenen in der Schule den Kindern zeigen, wie man *unsere Wörter,* die Wörter der Sprache, die uns verbindet, so schreibt, daß jeder von uns sie wiedererkennt, ohne daß die eigenen Wörter der Kinder der Verachtung anheimfallen. Bleistift statt Rotstift für die Korrektur, das wäre schon eine taktvolle Entscheidung. Und immer wieder Gespräche mit einzelnen Kindern über ihre Texte, gemeinsame Korrektur. Man lernt soviel dabei!

Vor ein paar Tagen habe ich bei einem Kind zweimal *wahr* gefunden, wo es *war* heißen mußte. Im letzten Satz stand richtig *war.* »Wenn man es mit *h* schreibt, hat es mit Wahrheit zu tun«, habe ich gesagt. Als ich dann zurückblätterte zu den beiden falschen Wörtern, sie noch einmal im Zusammenhang las, das nachdenkliche Kind neben mir, leuchtete mir plötzlich ein, daß die *Wahrheit* auch eine *Warheit* sein kann, weil das, was einmal war, wahr ist.

Kinder machen sich solche Gedanken; ohne diese Fähigkeit hätten sie nicht sprechen lernen können. Welche Entdeckungen, wenn wir sie in die Sprachgeschichte einweihen, ihnen die Verwandtschaft von Wörtern zeigen, ihre Herkunft erklären und mit ihnen Wörter enträtseln! Da werden sie reichlich entschädigt für das, was sie verlieren, wenn sie ihre eigene Schreibweise der Wörter aufgeben.

Pauline liebt das Märchen von Rotkäppchen, sie kennt es von klein auf. Seit jeher hat sie *Rotkälbchen* gesagt. Nun ist sie fünf Jahre alt und ein Erwachsener gibt sich die Mühe, ihr zu erklären, warum es *Rot-käpp-chen* heißen muß. Er weiß nicht, ob sie ihn nicht verstehen will oder nicht verstehen kann – jedenfalls braucht sie lange, bis sie endgültig belehrt ist. Dann geht sie in der Vorweihnachtszeit mit ihrer Mutter und Freunden in die Vorführung eines Kinderballetts. In einer Szene kommen gleich zwei Rotkäppchen auf die Bühne, Zwillinge offenbar, sehr niedlich in ihrem Kostüm. Pauline ist hingerissen. »Schau mal, Mami, wie süß die sind, die Rotkälbchen!« seufzt sie. Und dabei bleibt es.

Lutz, als er sechs Jahre alt war:

»Febermäppchen klingt einfach viel lieber. Ich weiß schon, daß das früher so mit Feder war.«

Die Lehrerin einer vierten Klasse:

»Gestern nachmittag habe ich Aufsätze korrigiert. Weißt du, was mich am meisten Zeit gekostet hat? Da stand am Schluß eines Aufsatzes: *Scharde!* Ich wußte nicht, ob ich es berichtigen sollte oder nicht.«

Pauline, als sie sieben Jahre alt ist:

»Ich weiß jetzt ja schon, daß es *Weih-nachts-baum* heißt, aber zu dem großen auf'm Marienplatz sag ich *Weinaksbaum*, der ist viel schöner!«

Christoph ist im ersten Schuljahr. Seine Mutter erzählt mir: »Er hat sich die ganzen Pfingstferien über mit Molchen beschäftigt, ganz verschiedenen Molchen, dunkel und unheimlich waren manche, mit gezackten Schwänzen. Er hat ihnen Höhlen gebaut im Terrarium mit Steinen und Moos, hat sie gefüttert mit Würmern, die er ihnen selbst gesucht hat und hat sie unermüdlich beobachtet. Die ganze Familie war mit ihm von seinen Molchen fasziniert.

Neulich war ich in der Schule beim Elternabend. Da hab ich mir eine Mappe angesehen, in der die Ferienerlebnisse der Kinder gesammelt sind. Jedes Kind hat seine Geschichte aufgeschrieben und dazu ein Bild gezeichnet. Auf Christophs Blatt war eine Eidechse zu sehen und ein Stein. Auf der Rückseite stand: ›Ich habe eine Eidechse gefangen.‹ Daheim hab ich ihn dann gefragt, warum er nichts von den Molchen geschrieben hat, das wär doch so toll gewesen. ›Da hätte ich zuviel schreiben müssen‹, hat er gesagt.«

Wie will man das erklären?

Er hat die Anstrengung gescheut, mehr als den einen Satz zu schreiben.

Er hat gefürchtet, er käme mit dem Erzählen über seine Molche nie an ein Ende.

Er will nicht darüber schreiben, weil er mit seinen Mitteln das ganze große Erlebnis doch nicht angemessen wiedergeben kann. Er will die Molche für sich behalten, nicht der Schule preisgeben.

Wir wollen einen Radausflug an die Isar machen, Ball spielen, Schiffe schwimmen lassen, Feuer machen, Würstchen grillen. Aber es regnet, wenn auch um acht Uhr nur noch leicht; man kann sich draußen nicht hinsetzen. Darum: Wir fahren in die andere Richtung, ins Museum. Auch gut! Da gibt es einen ganzen Saal voller Ritterrüstungen, Turnierlanzen usw. Toll!

»Jetzt möchte ich nur, daß ihr nicht durch alle Säle rennt, bis ihr zu den Rüstungen kommt. Auf dem Weg dorthin gibt es sehr viel zu sehen, aber man muß stehenbleiben, eine Weile hinschauen, sich vorstellen, wie das früher war, wie man mit dem Löffel gegessen hat, in dem Bett geschlafen hat – man muß sich von den Dingen etwas erzählen lassen. Und wir nehmen die Exkursionshefte und Stifte mit, dann könnt ihr zeichnen, was euch gefällt.«

Ein langer Weg durch den triefenden Englischen Garten, zwei Kinder auf meinem und Christianes Gepäckträger, weil ihr Rad streikt, eine kleine Rast, Wettrennen und Kunststückchen. Dann sind wir da. Meine wilden Kinder bewegen sich leise und gemessen, schauen sich manches genau an, fragen einander, die Aufseher, Christiane und mich, warten geduldig, wenn einer noch fertigzeichnen möchte.

Vor einem riesigen mittelalterlichen Christus am Kreuz sagt Lukas zu mir: »Der schaut aus, als ob ihn ein Kind gemacht hätte.« Simon steht lange mit Christiane vor einem hölzernen Apostel. Sie bewundern seine Locken und Falten. Simon fragt sich, ob er so etwas auch schnitzen könnte. Dann rührt er vorsichtig mit dem Finger an eine der Falten und fragt: »Und das bewegt sich nicht?«

Alessandra zieht mich zu jedem Bild, auf dem ein Buch vorkommt: »Kann man lesen, was da drinsteht?« Eine ganze

Gruppe Kinder verweilt mit mir vor einer Madonna mit dem Kind. Beide lächeln so zwingend, daß uns ganz warm wird und wir auch lächeln müssen. Später entdecke ich diese Madonna in einem Exkursionsheft.

Auf dem Rückweg halten wir an einem Spielplatz. Dort wird gepicknickt, geschaukelt, geklettert, gewippt. Ich studiere den Museumskatalog. Katharina sagt im Vorbeigehen leicht belustigt: »Meine Beine sind ganz brav geworden! Die können gar nicht mehr rennen.« Dann gibt es an einer der Wippen Gelächter und Geschrei, fast alle Kinder haben sich draufgesetzt. Wer hilft zu wem? Großer Tumult, Gepurzel, Triumph und auch Tränen, als jemand herunterfällt. Es fängt an zu schütten. »Auf die Pferde!« Und wir rasen heimwärts. Als wir bei der Schule ankommen, sind alle pitschnaß, ein wahrhaft großer Abschluß des Vormittags!

Am nächsten Tag möchte ich, daß die Kinder etwas über den Ausflug in ihr Tagebuch schreiben. Jubel bei den einen,

Gemaule bei den andern. Aber dann schreiben alle, und Bettina, die gar keine Lust hatte, schreibt gleich vier Seiten voll, mit fliegendem Stift.

Als Katharina mir ihr Heft bringt, lese ich:

> an der Wippe hatten wir viel spas, weil
> ein paar Kinder sich an eine seite ein
> paar Kinder an die andere seite
> und einmal eine seite und einmal
> die andere oben das war sehr lustig.

Ich schüttele den Kopf: »Das versteh ich nicht ganz! Du schreibst doch sonst so verständlich.« Und ich lese ihr vor, was sie geschrieben hat. Katharina: »Das habe ich gar nicht bemerkt.« – »War das so'n Durcheinander?« – »Ja, da sind alle durcheinandergepurzelt.« – »So liest sich das auch«, sage ich und lege das Heft beiseite. Später frage ich sie, ob ich das, was sie geschrieben hat, allen zeigen dürfte, damit wir etwas daran lernen. Sie ist einverstanden. Am Tag darauf steht ihr Text an der Tafel, mit allen Fehlern. Die Kinder wundern sich, verbessern die Rechtschreibfehler, erzählen vom großen Gedrängel auf der Wippe. Es wird klar: Wer nicht dabei war, kann sich das nur schwer vorstellen. Und ich sage: »Man kann aber trotzdem versuchen, es so zu erzählen, daß deutlich wird, was geschehen ist und wieviel Spaß es gemacht hat, sozusagen ein Durcheinander nach und nach in Sätzen schildern, ohne daß das auf dem Papier ein Durcheinander sein muß. Versucht das mal!«

Als ich die 21 Aufsätze dann lese (drei Kinder haben nicht mitgemacht und schreiben über etwas anderes), bin ich überrascht. Mit soviel Möglichkeiten, dasselbe zu erzählen, habe ich nicht gerechnet. Vor allem aber staune ich, wie mit jedem Blatt, das ich lese, das Erlebnis auf der Wippe lebendiger wird für mich, als kletterte ein Kind nach dem andern dazu und die Wippe wäre erst wirklich voll, als ich alles gelesen habe.

Noch einen Tag später sitzen wir im Kreis und die Kinder lesen ihre Aufsätze vor. Wer dem Autor etwas dazu sagen möchte, wird von ihm aufgerufen. Viel Lob, einige Fragen. Oli lobt, es sei »gut gereimt« oder »der Rhythmus ist so schön«. Verständlichkeit wird hervorgehoben und daß man sich richtig vorstellen könne, wie es war. Ein Einwand, an Jan gewendet: »Ich finde, das ›Wumm‹ ist zu laut.« Verwunderung bei manchen, Jan stutzt, nimmt den Einwand aber an. Ein anderer sagt, er finde das »Wumm« lustig. Jan wird sich wohl merken, daß er mit auf Wirkung bedachten Formulierungen nicht unbedingt jeden Leser oder Zuhörer gewinnt. Das hätte ich ihm in dieser Mischung aus Deutlichkeit und Takt, die den Mitschülern gelingt, nicht sagen können.

Alle möchten vorlesen, aber keiner hat die Geduld, noch alle Aufsätze zu hören und zu besprechen. Also will ich das Vorlesen abbrechen. Katharina meldet sich, und ich halte mir etwas darauf zugute, daß ich meine Ungeduld zügele. Sie darf noch vorlesen! Schließlich hat sie sich uns mit ihrem noch nicht gelungenen Text gezeigt. Nun soll sie zeigen, was sie kann. Ich werde das noch einmal betonen, mich auch bei ihr bedanken, wenn sie gelesen hat. Dann ruft sie eins der Mädchen auf. Und das sagt so fein und genau, daß die neue Fassung des Erlebnisses auf der Wippe gelungen ist, weist so zart auf die alte Fassung zurück, die immer noch an der Tafel steht, während alle anderen einverständig zuhören, daß ich dann meinen Mund halte. Die Kinder haben Katharina in diesem Augenblick alles gegeben, was sie braucht und ohne einen pädagogischen Auftrag, aus reiner, selbstverständlicher Nächstenliebe. Mein überlegtes Gerede wäre da nur grob. Es genügt, Katharina noch einmal zuzunicken und die Tafel abzuwischen.

Morgen werden wir mit Linealen und Radiergummis und allem, was wir im Klassenzimmer finden können, Wippen bauen, Schwerpunkte verlagern, Gewichte austarieren. Das wird ein Fest und soll eine Belohnung für die Kinder sein.

Warum habe ich hier so ausführlich erzählt? Mich hat das alles sehr froh gemacht. Wir haben viel miteinander erlebt, haben wichtige Erfahrungen geteilt, voneinander gelernt. Ich habe etwas davon verstanden, was die Darstellung eines Erlebnisses im Aufsatz den Kindern abverlangt: Das Erlebnis wird verkleinert, zurechtgestutzt, um viele Einzelheiten und Verknüpfungen geschmälert. Gerade das Kind, das viel gesehen, gehört, gefühlt hat, bleibt mit dem, was es aufschreiben kann, hinter dem Erlebten weit zurück. So mag es im Aufsatz sich selber verraten. Und der Widerwille gegen das Aufsatzschreiben entspringt dem Wunsch, das Erlebnis zu retten. Wenn dann noch Vorschriften gemacht werden, wie man erzählen soll, daß man Anfang, Höhepunkt und Schluß konstruieren muß, schmückende Beiwörter verwenden soll, Sätze nicht mit *Und* beginnen darf und dasselbe Wort nicht mehrmals hintereinander verwenden darf – die üblichen Vorschriften derer, die selber sich nicht schreibend ausdrükken können, aber Kindern das richtige Aufsatzschreiben beibringen wollen – wird der *schriftliche Ausdruck* zur Würgerei oder zur eitlen Aufreihung billiger Klischees.

Bayerisches National-

Drei Wünsche

Samstagmorgen. Die Post bringt eine pädagogische Monatsschrift. Ich blättere sie flüchtig durch und erstarre: Drei Bilder, unbeschreiblich häßlich und dumm. Unter einem schweinsähnlichen Kopf steht, er stehe *bereits höher auf der Qualitätsleiter der Sprachkompetenz.* Was für eine *Qualitätsleiter?* Neben den Bildern lese ich: »Für die konkrete Inhaltsverfälschung wurde die optische Darbietung auf dem Tageslichtprojektor (OHP) gewählt.« Jede dieser Scheußlichkeiten wird also einzeln groß an die Wand geworfen. Warum? –

»In der konkreten Stunde wurde in der Motivationsphase mit der Möglichkeit der inhaltlichen Verfälschung gearbeitet, eine Art der unterrichtlichen Provokation, die zum einen ein hohes Maß an Initialmotivation gewährleistet und zum andern eine unaufdringliche Stoffüberprüfung zuläßt. Nur wenn der Schüler den Text tatsächlich gut gelesen hat, wird er in dieser Phase auch voll mit dabei sein können.«

Tatsächlich? Vielleicht widern ihn die Bilder an. Vielleicht will er sich sein Leseerlebnis nicht mit der hohlen Aufdring-

Zusammenfassende Darstellung der vorliegenden Motivationsphase unter didaktisch-lernpsychologischem Aspekt:

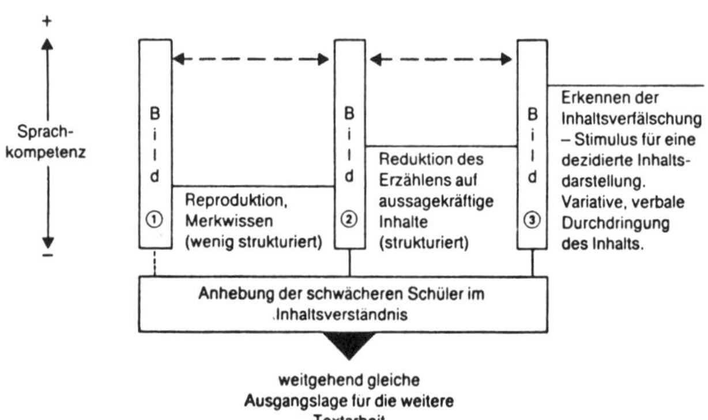

Bild 1:

Dem Schüler ist bekannt, daß es in dieser Stunde um das Märchen DIE DREI WÜNSCHE geht, das zu erlesen als Hausaufgabe gestellt war. Die Kinder werden im ersten Bild die Hauptfigur LIESE ohne Schwierigkeiten erkennen. Der Bildimpuls gibt vor allem den schwächeren Schülern die Gelegenheit, bereits an dieser Stelle des Unterrichts ihr Vorwissen und damit ihr Leseverständnis einzubringen.

Bild 2:

Es steht bereits höher auf der Qualitätsleiter der Sprachkompetenz. In der konkreten Stunde erzählten die Schüler die Handlung bereits weiter, so daß die Folie vom Lehrer lediglich gesprächsbegleitend aufgelegt zu werden brauchte.

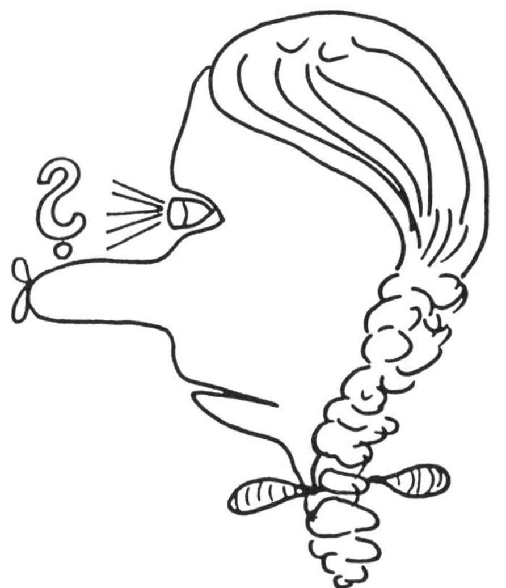

Bild 3:

Über den Aufbau einer kurzen kognitiven Dissonanz „protestierten“ die guten Leser und machten darauf aufmerksam, daß die Handlung *so* nicht weitergelaufen sei. Damit lieferten sie dem Lehrer zugleich den Beweis, daß sie ihre häusliche Arbeit ernsthaft und gründlich betrieben hatten. Gleichzeitig wurden die schwächeren Schüler durch die Ausführungen der guten Leser bezüglich des Inhaltsverständnisses auf weitgehend gleiches Niveau geholt, von dem aus dann die eigentliche literarische Durchdringung angegangen werden konnte.

Drei Wünsche

Ein junges Ehepaar lebte recht vergnügt und glücklich beisammen und hatte den einzigen Fehler, der in jeder menschlichen Brust daheim ist: wenn man's gut hat, hätt' man's gerne besser. Aus diesem Fehler entstehen so viele törichte Wünsche, woran es unserm Hans und seiner Liese auch nicht fehlte. Bald wünschten sie des Schulzen Acker, bald des Löwenwirts Geld, bald des Meyers Haus und Hof und Vieh, bald einmal hunderttausend Millionen bayerische Taler kurzweg. Eines Abends aber, als sie friedlich am Ofen saßen und Nüsse aufklopften und schon ein tiefes Loch in den Stein hineingeklopft hatten, kam durch die Kammertür ein weißes Weiblein herein, nicht mehr als eine Elle lang, aber wunderschön von Gestalt und Angesicht, und die ganze Stube war voll Rosenduft. Das Licht löschte aus, aber ein Schimmer wie Morgenrot, wenn die Sonne nicht mehr fern ist, strahlte von dem Weiblein aus und überzog alle Wände. Über so etwas kann man nun doch ein wenig erschrecken, so schön es aussehen mag. Aber unser gutes Ehepaar erholte sich doch bald wieder, als das Fräulein mit wundersüßer, silberreiner Stimme sprach: „Ich bin eure Freundin, die Bergfei, Anna Fritze, die im kristallenen Schloß mitten in den Bergen wohnt, mit unsichtbarer Hand Gold in den Rheinsand streut und über siebenhundert dienstbare Geister gebietet. Drei Wünsche dürft ihr tun; drei Wünsche sollen erfüllt werden." Hans drückte den Ellbogen an den Arm seiner Frau, als ob er sagen wollte: „Das lautet nicht übel." Die Frau aber war schon im Begriff, den Mund zu öffnen und etwas von ein paar Dutzend goldgestickten Kappen, seidenen Halstüchern und dergleichen zur Sprache zu bringen, als die Bergfei sie mit aufgehobenem Zeigefinger warnte: „Acht Tage lang", sagte sie, „habt ihr Zeit. Bedenkt euch wohl und übereilt euch nicht." „Das ist kein Fehler", dachte der Mann und legte seiner Frau die Hand auf den Mund. Das Bergfräulein aber verschwand. Die Lampe brannte wie vorher, und statt des Rosendufts zog wieder wie eine Wolke am Himmel der Öldampf durch die Stube.

So glücklich nun unsere guten Leute in der Hoffnung schon zum voraus waren und keinen Stern mehr am Himmel sahen, sondern lauter Baßgeigen, so waren sie jetzt doch recht übel dran, weil sie vor lauter Wunsch nicht wußten, was sie wünschen wollten, und nicht einmal das Herz hatten, recht daran zu denken oder davon zu sprechen, aus Furcht, es möchte für gewünscht passieren, ehe sie genug überlegt hätten. „Nun", sagte die Frau, „wir haben ja noch Zeit bis am Freitag."

Des andern Abends, während die Kartoffeln zum Nachtessen in der Pfanne prasselten, standen beide, Mann und Frau, vergnügt an dem Feuer beisammen, sahen zu, wie die kleinen Feuerfünklein an der rußigen Pfanne hin und her zügelten, bald angingen, bald auslöschten, und waren, ohne ein Wort zu reden, vertieft in ihrem künftigen Glück. Als die Frau aber die gerösteten Kartoffeln aus der Pfanne auf das Plättlein anrichtete und ihr der Geruch lieblich in die Nase stieg: – „Wenn wir jetzt nur ein gebratenes Würstlein dazu hätten", sagte sie in aller Unschuld und ohne an etwas anderes zu denken, und – o weh, da war der erste Wunsch getan. – Schnell wie ein Blitz kommt und vergeht, kam es wieder wie Morgenrot und Rosenduft untereinander durch das Kamin herab, und auf den Kartoffeln lag die schönste Bratwurst. – Wie gewünscht, so geschehen. – Wer sollte sich über einen solchen Wunsch und seine Erfüllung nicht ärgern? Welcher Mann über solche Unvorsichtigkeit seiner Frau nicht unwillig werden?

„Wenn dir doch nur die Wurst an der Nase angewachsen wäre", sprach er in der ersten Überraschung, auch in aller Unschuld und ohne an etwas anderes zu denken – und wie gewünscht, so geschehen. Kaum war das letzte Wort gesprochen, so saß die Wurst an der Nase des guten Weibes fest, wie angewachsen im Mutterleib, und hing zu beiden Seiten herab wie ein Husarenschnauzbart.

Nun war die Not der armen Eheleute erst recht groß. Zwei Wünsche waren getan und vorüber, und noch waren sie um keinen Heller und kein Weizenkorn, sondern nur um eine böse Bratwurst reicher. Noch war ein Wunsch zwar übrig, aber was half aller Reichtum und alles Glück zu einer solchen Nasenzierat der Hausfrau? Wollten sie wohl oder übel, so mußten sie die Bergfei bitten, mit unsichtbarer Hand Barbierdienste zu leisten und Frau Liese wieder von der vermaledeiten Wurst zu befreien. Wie gebeten, so geschehen, und so war der dritte Wunsch auch vorüber, und die armen Eheleute sahen einander an, waren der nämliche Hans und die nämliche Liese nachher wie vorher, und die schöne Bergfei kam niemals wieder.

Johann Peter Hebel

lichkeit der Fratzen an der Wand verpanschen lassen! Er hat schließlich – wie ich mit einem Seitenblick feststelle – ein Märchen von Johann Peter Hebel gelesen.

Wie das erzählt ist! Ich hätte nicht übel Lust, es meinen Zweitkläßlern zu lesen zu geben und ihnen zu sagen: Unterstreicht die Sätze, die euch besonders gut gefallen! Dann setzen wir uns im Kreis zusammen, jeder liest vor, was ihm am besten gefällt, und wir können sein Vergnügen an der Szene und an der Art, wie sie beschrieben ist, spüren und miterleben. Wir schauen dem jungen Ehepaar in die Küche, riechen den Rosenduft, die Bratkartoffeln und die Wurst. Wenn sie einem wie ein Husarenschnauzbart unter der Nase hängt, muß man sie ja riechen.

»Schnell wie ein Blitz kommt und vergeht, kam es wieder wie Morgenrot und Rosenduft untereinander durch das Kamin herab, und auf den Kartoffeln lag die schönste Bratwurst.« So heißt es bei Hebel. Was wünschst du dir? Was sollte, begleitet von Morgenrot und Rosenduft, plötzlich vor dir liegen? Ich bin sicher, in den Wunschphantasien der Kinder mischten sich wie bei Hebel Sehnsüchte, Witz und Behagen. Manch einer aus der Klasse wüßte in dieser Stunde unter dem Einfluß des Märchens, daß große Wünsche schwer zu wünschen sind, wenn es uns eigentlich gutgeht und wir alles haben, was wir brauchen. Und die Hauptsache ist, daß man die Kraft und die Phantasie hat, sich überhaupt Wünsche auszudenken! Dann hilft das Wünschen, auch wenn die Wünsche nicht in Erfüllung gehen.

Was soll die Unterrichtsstunde mit Hebels Märchen nach dem Plan der pädagogischen Monatsschrift den Schülern mitgeben? Ich lese:

»Phase der individuellen Importanz
Losgelöst vom Inhaltlichen des Märchens, haben die Schüler hier Gelegenheit, ihre Wünsche aufzuzählen, die sie anstelle von Hans und Liese getan hätten. Im Gespräch wurde klar, daß die Schüler die Wunschsituation im vorliegenden Märchen verstanden hatten und sie auf ihre persönlichen Bedürfnisse transferieren konnten. Die Vermeidung des unvorsichtigen Aussprechens von Wünschen und eine genaue Wunschformulierungen wurden als wichtigste Elemente für eine ›vernünftige‹ Wunschsituation genannt.«

Bravo! Diese Hauptschüler (das Märchen wurde in der 5. Klasse behandelt) werden nicht unvorbereitet sein, wenn ihnen die Bergfei Anna Fritze mit wundersüßer, silberheller Stimme drei Wünsche freigibt! Sie haben gelernt, wie man sich in einer *vernünftigen Wunschsituation* verhält, zumindest kennen sie nun deren wichtigste Elemente: *Vermeidung des unvorsichtigen Aussprechens von Wünschen* und *genaue Wunschformulierung.*

Sparen wir uns jetzt die Kapitel über *Sequentierung, Lernziele* und *Ergebnisdarbietung und -integration.* Die Wiedergabe dessen, was sich am Ende des Unterrichts an der Tafel finden soll, mag genügen um zu zeigen, wie bitter wenig

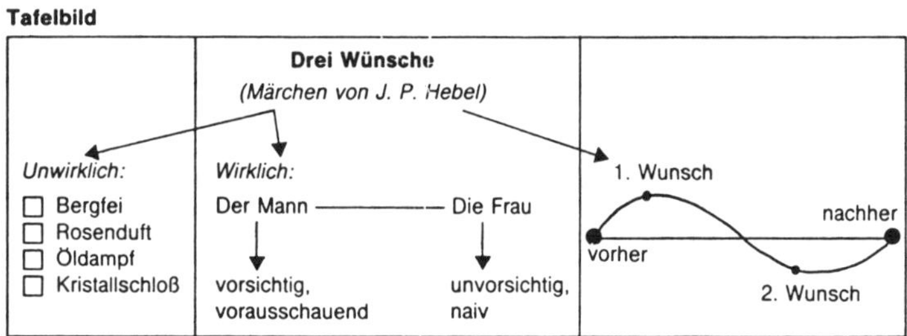

von dem ganzen Märchen übrigbleibt, nachdem der Unterricht mit seinem didaktischen Pomp darübergezogen ist.

Nur die *Sachanalytischen Bemerkungen* seien noch zitiert:

»Es gibt Märchen für Kinder und Märchen für Erwachsene. Gerade in einer Zeit, in der unpersönliche und gefühlskalte Computer bis in die ureigensten Winkel menschlichen Lebens eindringen, wird der berechtigte Anspruch des Menschen auf fiktive und emotionalisierte Inhalte (vgl. Filmindustrie!) als Gegengewicht verständlich. Unterrichtlich bedeutet dies, daß Märchenformen dem Schüler jeglichen Schülerjahrgangs – freilich in der je didaktischen und altersadäquaten Verpackung – zugänglich gemacht werden sollten. Vorteilhaft wirkt sich dabei aus, daß bereits der Grundschüler Märchenerfahrungen mitbringt, die er durch die primäre Sozialisation und den Vorschulbereich gewonnen hat. Angenehme Stimuli, wie das Märchenhören oder das Märchenvorlesen vor dem Einschlafen etc. und die damit assoziierte Geborgenheit und emotionale Fundierung, erhöhen auf natürliche Weise das Schülerinteresse. (Vgl. Hahn 1982, S. 91f.)«

Die Klammer verweist auf ein Buch des Autors über *Operativen Umgang mit Literatur.* Der Titel sagt alles, man muß ihn nur mit dem gewöhnlichen Sprachverstand lesen. Bevor die *unpersönlichen und gefühlskalten Computer* uns im letzten Winkel eingeholt haben, sind wir längst mit Hilfe einer Pädagogik, die nicht mehr *zu Hause* und *Kindergarten* sagen kann, sondern zwanghaft von *primärer Sozialisation* und *Vorschulbereich* sprechen muß, den Computern ähnlich geworden.

Ich hoffe, daß die Kinder, denen ich Märchen vorlese, dadurch gerade nicht die *emotionale Fundierung* bekommen, die dieser Unterricht benutzen will. Ich hoffe, daß sie die

Seelenstärke haben, nicht *voll mit dabei sein* zu wollen. Die Augen und Ohren sollen ihnen zufallen, bis es gongt, damit sie im Herzen die Weisheit und Liebe bewahren, an der sie teilhaben, wenn sie das Märchen hören oder lesen.

Es ist schlimm genug, wenn ein Lehrer in formalistischem Übereifer, taub für die Sprache der Dichtung und blind für die Kinder, die man ihm anvertraut sind, einmal eine solche Stunde hält. Aber diese Stunde ist zur Nachahmung empfohlen, soll beispielhaft sein für Lehrer und solche, die es werden wollen. Darum steht sie in einer pädagogischen Zeitschrift.

Wer gibt die eigentlich heraus? Wer hat den Inhalt zu verantworten? Im Impressum finde ich zwei Abteilungsdirektoren (aus der Schulabteilung einer Bezirksregierung, nehme ich an), einen Schulamtsdirektor, zwei Schulräte und sechs Professoren als Beirat. Schriftleiter sind ein Professor, ein Seminarrektor und ein Rektor. Lesen die denn nicht, was in ihrer Zeitschrift gedruckt wird? Haben sie denn nicht mehr den Wunsch, Kindern in der Schule geistige Nahrung zu geben und sie zu schützen vor lieblosem, kaltem Fraß? Verstehen sie denn die Sprache dieses Artikels?

Drei Wünsche

Eines Abends, während ich friedlich an der Schreibmaschine sitze, kommt durch die Kammertür ein weißes Weiblein herein, nicht mehr als eine Elle lang, aber wunderschön von Gestalt und Angesicht, und spricht mit wundersüßer, silberreiner Stimme: »Ich bin deine Freundin, die Bergfei, Anna Fritze, die im kristallenen Schloß mitten in den Bergen wohnt, mit unsichtbarer Hand Gold in den Rheinsand streut und über siebenhundert dienstbare Geister gebietet. Drei Wünsche darfst du tun; drei Wünsche sollen erfüllt werden.« – Wenn das geschieht, wie werde ich mich verhalten? Was soll ich mir wünschen?

Dann mache ich meine Schulreform und wünsche mir:

⁂I⁂

Alle Lehrer, die Kinder nicht lieben, sollen plötzlich begreifen, daß sie gar nicht Lehrer sein wollen und still die Schule verlassen, irgendwohin.

⁂II⁂

Jeder Lehrer, der dazu ansetzt, Kindern ein Lese-Erlebnis zu verhunzen, soll auf der Stelle schamrot werden.

⁂III⁂

Wenn einer über die Schule und die Kinder dort spricht, soll ihm jedes Wort, dessen Bedeutung er selber nicht weiß und fühlt, als eine häßliche Kröte aus dem Maul hüpfen.

Anna Fritze wird's schon richten, mit Morgenrot und Rosenduft! Oder sollen wir nicht auf sie warten?

In »Fragen und Versuche«, der Zeitschrift der deutschen Freinet-Bewegung, finde ich diesen Bericht einer Lehrerin, Claudia Paul. Welch eine Alternative zu den Modellen innerer Differenzierung, die die Gängelung der Kinder immer weiter vervollkommnen, bis kein ungeplanter Schritt in der Klasse mehr möglich ist und das letzte Fünkchen Selbstverantwortung und Gemeinsamkeit erloschen ist!

» 1. Tag nach den Sommerferien
In meiner Klasse sitzen 28 gut erholte, fröhliche Kinder schon im Stuhlkreis, freuen sich, einander wiederzusehen und berichten von ihren Erlebnissen. Und schon sind wir plötzlich – keiner weiß, wie es kommt – bei einem Thema: »Spinnen«. Ein Kind fängt an, seine Erlebnisse zu erzählen und berichtet von seinen Beobachtungen. Ich merke, wie sehr dieses Thema die Kinder interessiert. Neben Ekelgefühlen gibt es viele sachkundliche Beiträge und anregende Gespräche. Die Klasse schlägt mir vor: »Daraus könnten wir doch ein neues Thema machen.« Ich bin einverstanden. Zwar kommen Spinnen im Rahmenplan der vierten Klassen nicht vor, für die Kinder ist das Thema aber wichtig und deshalb auch vertretbar. Wir überlegen gemeinsam, welche Fragen uns interessieren. Arbeitsvorschläge werden gemacht und Aktivitäten geplant. Natürlich wollen viele Kinder Spinnen mitbringen. Was fressen Spinnen überhaupt? Wie viele Beine haben Spinnen? Wie baut die Spinne ihr Netz? Welche Spinnen sind giftig? Wie ist das eigentlich mit den Skorpionen? Sind Krebse und Spinnen verwandt? Wie werden Spinnen geboren? Wir könnten Spinnennetze und Spinnen zeichnen. Ein anderes Kind möchte ein Spinnennetz aus Draht

bauen. Es wird vorgeschlagen, eine Riesenspinne aus Knete zu formen. Viele Kinder möchten Spinnengeschichten schreiben. Zwei Kinder stöbern schon in der Leseecke und entdekken drei Bücher, eine Tierzeitschrift und einige Lexika, in denen eine Menge Informationen über Spinnen enthalten sind. Wir beschließen alle, auch zu Hause nachzuschauen, ob wir weitere Bücher finden.

2. Tag
Auf dem Ausstellungstisch liegen einige Bücher und Zeitungen zum Thema, leider fehlen noch die Spinnen. Ich stelle erstaunt fest, daß ausgerechnet heute sehr viele Kinder Mathematik machen wollen und einige im Rechtschreibbuch arbeiten. Allerdings werden auch die Spinnenbücher mit großem Interesse angeschaut und gelesen, sowie die ersten Spinnengeschichten geschrieben. Ich bemerke auch, wie einige Kinder aus einem Buch abschreiben und abzeichnen, wie man eine Art Terrarium für Spinnen anlegt. Am Schluß des Unterrichts notiere ich mir einige Arbeitswünsche der Kinder. Anna möchte etwas darüber schreiben, wie Spinnen geboren werden. Zazie hat sich entschieden, alles über die Jagdspinne herauszufinden. Kalle, der schon einmal in Australien war, möchte alles über die »Schwarze Witwe« wissen. Liv interessiert sich für Skorpione, Alexander für die Wasserspinne. Wir beschließen, daß jedes Kind ein Thema heraussucht, das ihn interessiert, darüber schreibt und der Klasse im Stuhlkreis darüber berichten wird. Zusätzlich möchte Till zusammen mit drei anderen Kindern eine Klassenzeitschrift zum Thema »Spinnen« herausgeben. Till gibt übrigens zu fast allen Themen Zeitschriften heraus.

Am Nachmittag sind meine Gedanken immer noch bei den

Spinnen. Mir fällt auf, daß in unseren Zimmern recht viele Spinnennetze hängen. Peinlich! In einer Zimmerecke hockt ein wunderbares, dickes Exemplar von Hausspinne. Schade, ich erwische sie nicht! Ich steige in den Keller. Großartig! Dort entdecke ich viele Hausspinnen, die gerade Eier im Maul mit sich herumtragen. Schnell polstere ich ein Einweckglas mit Gras und Stöckchen aus und setze eine Spinne hinein. Meine Familie mag es nicht, daß das Glas in der Küche herumsteht. Auch im Garten mache ich interessante Beobachtungen und betrachte genau die Spinnennetze, wunderbare Kunstwerke. Ob es den Kindern heute auch so geht?

3. Tag
Ich betrete die Klasse und bin begeistert, daß alle Kinder intensiv mit verschiedenen Arbeiten beschäftigt sind. Kein Wunder, drei Terrarien und drei Einweckgläser, liebevoll mit Gras, Stöckchen und Wassergefäßen eingerichtet, stehen in der Klasse. Ich stelle mein Glas mit der Hausspinne dazu. Die Eier sind natürlich eine Attraktion! Eigentlich wollte Herrmann, Referendar in der Klasse, in der ersten Stunde Mathematik machen, ist aber einfühlsam genug, andere Arbeitswünsche der Kinder zuzulassen. Als ich in die Klasse komme, ist das kunstvolle Spinnennetz aus Draht fast fertig. Steffi und Tanja nähen eine Stoffspinne. Die große Spinne aus Knete sieht schon sehr echt aus. Es muß nur noch geklärt werden, ob die Beine am Kopfbruststück oder am Hinterleib angebracht werden. Etliche Kinder sitzen mit Lupen vor den Terrarien, vergleichen die lebendigen Spinnen mit den Spinnen in den Büchern, diskutieren, entdecken und stellen tausend Fragen. An diesem Vormittag passiert es auch, daß aus den Spinneneiern kleine Spinnen entschlüpfen. Welche

Aufregung! In den Pausen drängen sich Kinder aus der ersten und sechsten Klasse vor unserer Spinnenausstelluung, auch Lehrer und Eltern stehen interessiert über unsere Einweckgläser gebeugt in der Klasse.

4. Tag
Die Hausspinne hat zwischen den Zweigen im Einweckglas ein zartes Netz gesponnen. Die weißlich-grauen Spinnenkinder sitzen im Netz verteilt. Mit Hilfe der Lupe werden sie gezählt, 32 kleine Spinnen. Ingo und Zazie habe ich auch Spinnen mit Eiern besorgt. Sie wollen unbedingt zu Hause auch beobachten, wie die Spinnenkinder ausschlüpfen. Ich habe reichlich davon in meinem Keller. Sebastian hat bei sich zu Hause im Keller nach Spinnen gesucht. Er hat nur zwei tote Spinnen gefunden und ist traurig. Bei ihm zu Hause wird im Keller irgend so ein Mittel gespritzt, das Ungeziefer ausrottet. So ein Blödsinn! Dabei sind Spinnen doch nützliche Tiere. In der Klasse entstehen die ersten wunderschönen Spinnennetzzeichnungen. Natürlich haben wir vorher genau besprochen, nach welchem Plan Spinnen ihr Netz bauen.

5. Tag
Tumult im Klassenzimmer! Sebastians Kreuzspinne ist aus dem Terrarium entflohen. Die Luftlöcher in der Plastikfolie waren wahrscheinlich zu groß. Wo kann »Esmeralda« (alle Spinnen haben inzwischen einen Namen bekommen) nur sein? Plötzlich schreit ein Kind auf: »Guckt mal alle, zwischen den Fenstern in der Leseecke ist ein ganz großes Spinnennetz!« Alle stürzen zum Fenster. Wir erblicken ein Radnetz, unglaublich schön gesponnen und auch noch von der Sonne angestrahlt. Mittendrin hockt lauernd unsere verlorengegangene Kreuzspinne. Auf der Fensterscheibe

krabbelt ein Marienkäfer herum. Die Kinder fürchten um sein Leben, mit Recht, nach einer halben Stunde hat es ihn erwischt. Er gerät ins Spinnennetz. Ein wenig traurig, aber sehr gespannt, können wir beobachten, wie sich die Spinne auf ihn stürzt und aussaugt. Sehr interessant sind auch die Experimente mit den Fliegen, die einige Kinder fangen und in das Netz werfen. In Windeseile wickelt die Kreuzspinne die neue Beute mit ihren Spinnenfäden ein, wohl als Vorrat.

6. Tag
Die Kinder haben kleine Arztspritzen mitgebracht, damit das Wasser leichter in die kleinen Puppentellerchen hineingetröpfelt werden kann. Das wissen wir nämlich inzwischen: Spinnen kommen zwar lange Zeit ohne Nahrung aus, aber sie brauchen Wasser (deswegen habe ich also schon häufig eine Spinne in unserer Badewanne gefunden!). Es gibt inzwischen auch ein »Spinnenpflegeamt« in der Klasse, das täglich verantwortungsbewußt wahrgenommen wird. Steffi war am Wochenende in Hessen und hat eine Jagdspinne mitgebracht, die die Autofahrt in ihrem Einweckglas offensichtlich gut überstanden hat. Erneste hat an der Mauer der alten Tempelhofer Dorfkirche eine Spinne mit orangenem Leib und ungeheuer langen Beinen gefunden. Wir vermuten, daß es so eine Art Weberknecht ist.

7. Tag
Wir machen kleine Spinnenkunststücke, spielen sozusagen Jo-Jo mit den Spinnen. Dazu nehme ich eine Spinne auf die Hand und lasse sie auf die Erde fallen. In diesem Augenblick spinnt sie einen Faden, an dem ich sie durch die Luft bewegen kann. Viele Kinder wollen das auch ausprobieren. Das

Experiment gelingt aber nicht, als wir einen Weberknecht auf die Hand nehmen. Warum nicht? Ein Kind weiß es schon. Es hat sich mit diesem Thema beschäftigt. Weberknechte spinnen keine Netze. Sie haben keine Spinndrüsen, sondern stürzen sich auf ihre Beute. Bei Gefahr werfen sie ein Bein ab. »Das wächst aber wieder nach!«, versichert uns Marcus. Unser Weberknecht hat leider auch schon ein Bein verloren.
8. Tag
Alle Kinder arbeiten jetzt an ihren Spinnenberichten und sind eifrig mit den Büchern beschäftigt. Großes Interesse findet natürlich das Thema »Giftspinnen«. Wir sind alle erleichtert, als wir von Kalle hören, daß es gar nicht sehr viele giftige Spinnen gibt, vor allem nicht bei uns in Deutschland. Daniela erzählt uns von der Vogelspinne, die auf den Bildern in den Büchern ein wenig unheimlich aussieht, so groß und behaart. Die Kinder in Südamerika spielen mit den Vogelspinnen, halten sie wie ein Haustier und führen sie an einer Leine spazieren. Die Vogelspinne soll auch so eine Art »Musik« mit ihren Beinen machen können. Wer hätte das gedacht! Die Kinder freuen sich schon auf den nächsten Elternabend. Sie wollen alle Spinnen in der Klasse herumlaufen lassen, um die Eltern ein wenig zu erschrecken, denn viele Eltern ekeln sich vor Spinnen. Ich bin etwas unentschlossen, ob ich dem Wunsch der Klasse nachgeben soll. Ich bin mehr dafür, die Spinnen auf dem Schulgelände auszusetzen. Aber wie kommt es wohl, daß Tanja ihr Fach nicht mehr benutzen kann, weil eine Spinne ihr Netz dort gesponnen hat? …

Ich könnte jetzt noch von Ingos Bericht über die Falltürspinne erzählen, aber das wird zu viel. Ich habe jedenfalls sehr viel gelernt in der Schule und bin sicher, die Kinder auch. “

Mein Baum

Bäume waren im ersten Schuljahr eins unserer Themen: kahl im Winter, Baumgestalten, Namen, Verzweigungen, Gedichte und Geschichten über Bäume, eigene Erlebnisse und Beobachtungen auf und unter Bäumen, im Frühling dann Knospen, Blüten, Blätter. Uns wuchs ein Wort nach dem andern zu: Wurzel, Stamm, Ast, Zweig, Knospe, Blüte, Blatt, Ader, Rinde, Laub ... Jedes Wort schien mir schließlich prall von gemeinsamer Erfahrung zu sein.

Schließlich wollte ich zusammenfassen, ordnen: Jedes Kind sollte eine Baumzeichnung beschriften mit allen wichtigen Namen für die einzelnen Teile. Eigentlich wollte ich allen eine fertige Baumzeichnung geben, aber ich hatte keine zur Hand, die für Ahorn, Buche, Apfelbaum, Linde und all die anderen Bekannten hätte stehen können. Ich ließ die Kinder selber zeichnen mit der Aufgabe, unsere Fachausdrücke möglichst unterzubringen.

Es dauerte seine Zeit, bis alle fertig waren. Dann wuchsen in dreiundzwanzig Heften dreiundzwanzig verschiedene Bäume und mir dämmerte zum erstenmal: Das Ergebnis gleichen, weil gemeinsamen Unterrichts sieht immer in jedem Kind anders aus. Mit Bildern, die wir als Summe und Spiegelung des Gelernten hinstellen, verdecken wir den Kindern die eigenen inneren Bilder, trennen wir ihr Bewußtsein von allen Erfahrungen, die noch nicht so artikuliert sind, daß sie sie in der Zeichnung auf dem Papier wiederfinden.

Es bleibt unklar, was sie wirklich wissen. Wir verführen sie, zu lügen, so zu tun, als spiegele das fremde Bild tatsächlich das, was sie begriffen haben. Wir verwehren ihnen die Möglichkeit, das Verständnis zeichnend zu artikulieren, Bild werden zu lassen und sich seiner zu vergewissern. Wir hindern ihre Erfahrungen, zu reifen.

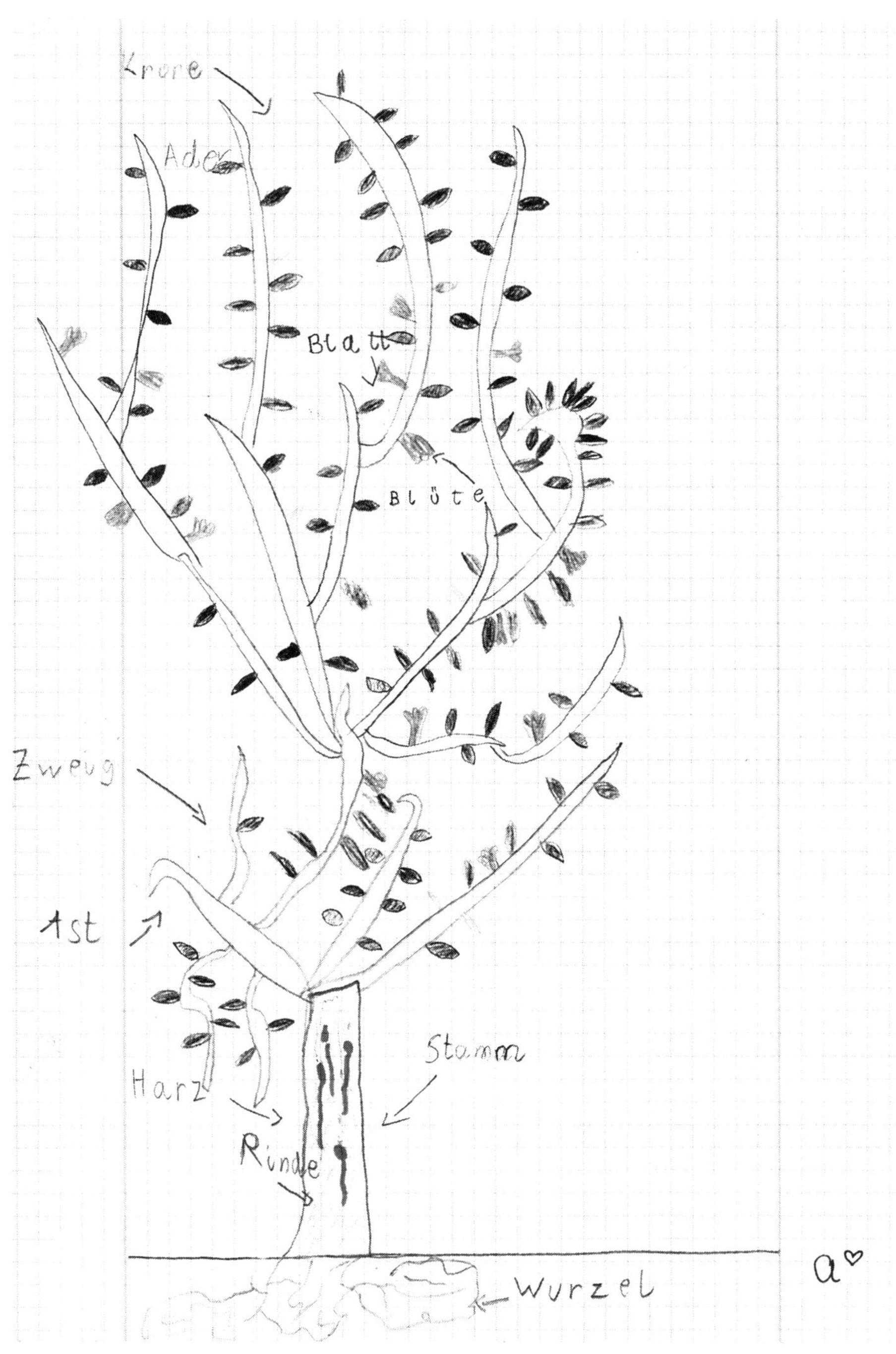
Krone
Ader
Blatt
Blüte
Zweig
Ast
Stamm
Harz
Rinde
Wurzel
a

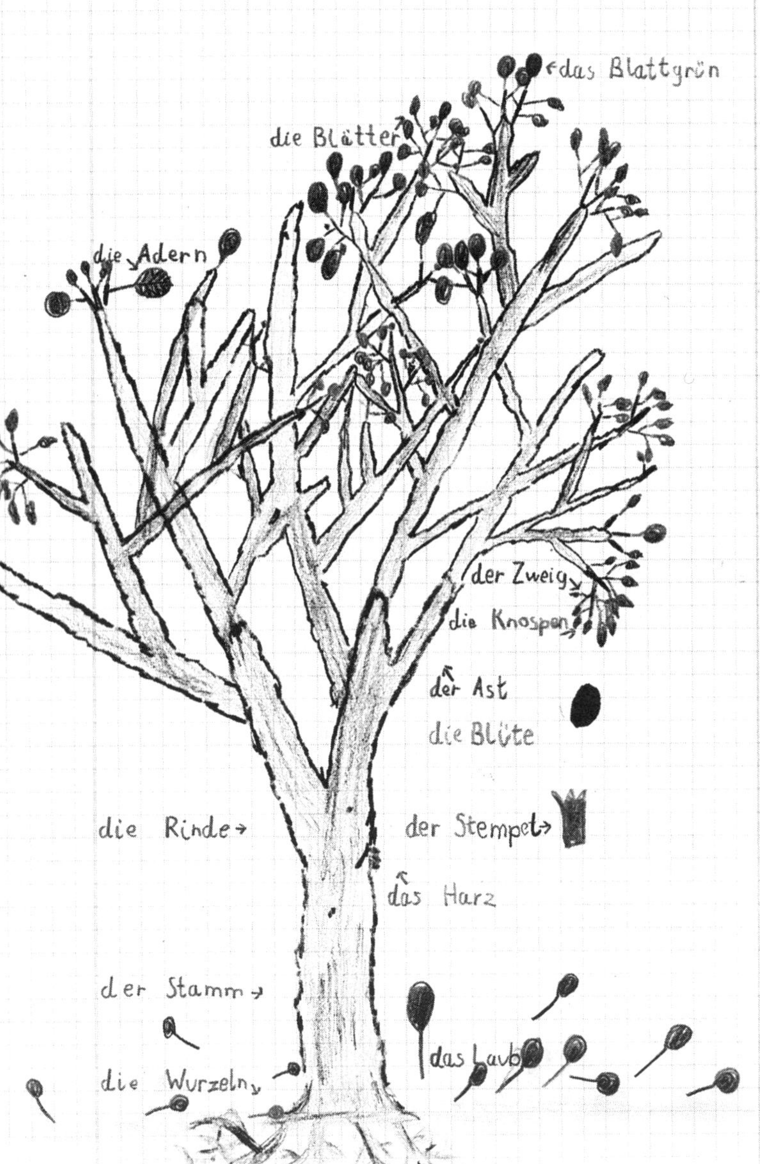
das Blattgrün
die Blätter
die Adern
der Zweig
die Knospen
der Ast
die Blüte
die Rinde
der Stempel
das Harz
der Stamm
das Laub
die Wurzeln
a

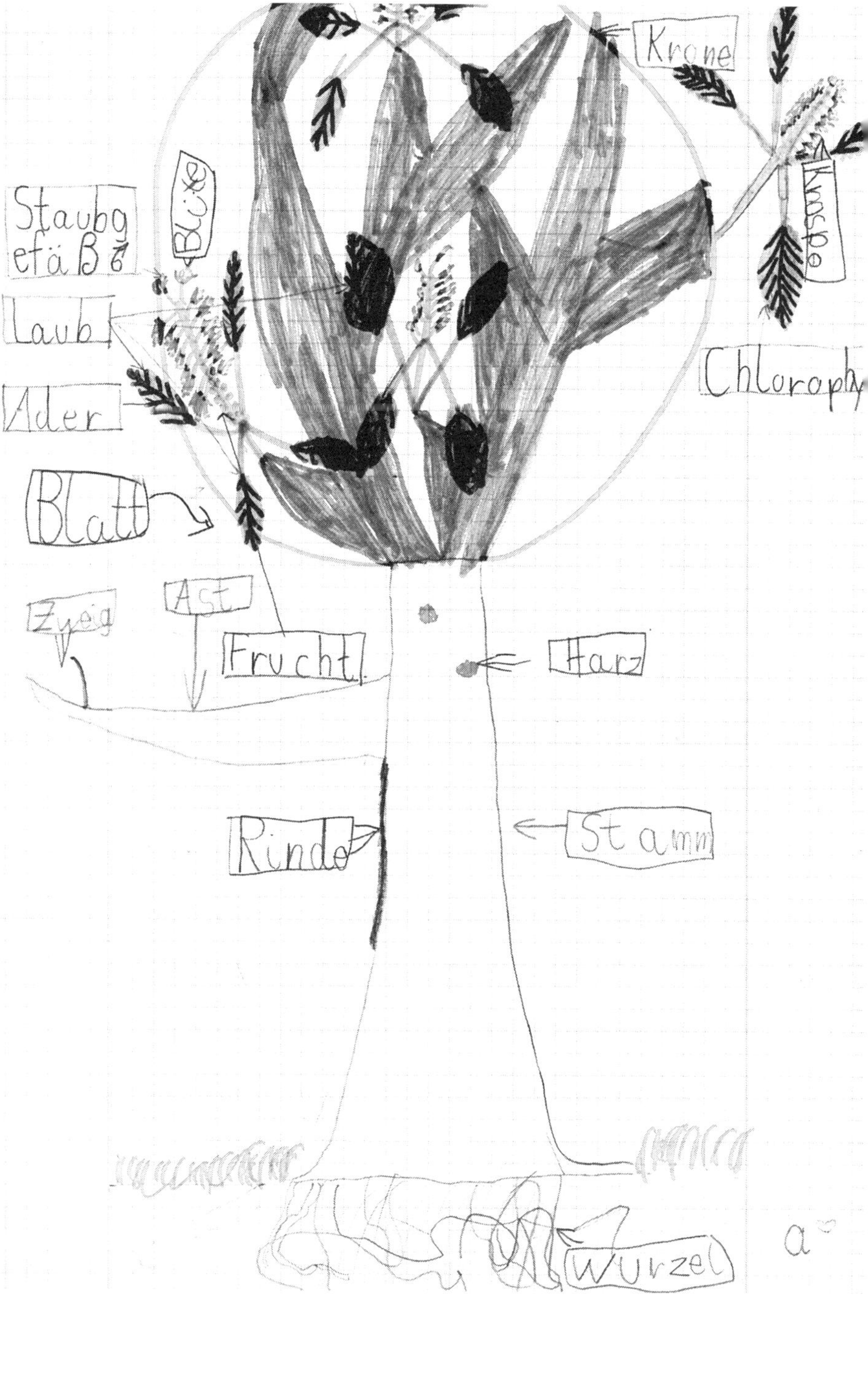

Krone

Staubg
efäß

Blüte

Knospe

Laub

Ader

Chlorophy

Blatt

Ast.

Zweig

Frucht.

Harz

Rinde

Stamm

Wurzel

a

Seither werden mir alle Eingriffe in die Äußerungen eines Kindes, wie sie der Schule ganz selbstverständlich sind, fragwürdig. Auch wenn man sehr behutsam vorgeht, erzwingt man allzu leicht eine verlogene Eindeutigkeit. Die Äußerung ist dann zwar allgemein verständlicher, verlangt vom andern weniger Aufmerksamkeit und Einfühlung, aber sie ist auch ärmer, oberflächlicher, man spürt weniger von all dem, was in der ursprünglichen Äußerung mitschwang. Etwas davon zeigen die folgenden zwei Fassungen eines Aufsatzes aus dem zweiten Schuljahr.

Die Schule ist zu Ende
Wir schreibe gerade ein . diktat dan gogt es und war so fatift und wolte ganicht auf schten ich bin dann bin ich mit dem Florian ein schtög gegagen und dam kann meine Mutta weal Karin und ich geschtritein haben aba sie hat ane kleine Karin und hat Meina Mutter was for geweind und dam hat sie geschinf gekrikt und dan ist sie gegangen und wir die Köniken aus England und ich habe gelacht mit denn Florian gelacht dan muste ich zur Frau Gerhad gen.

Die Schule ist zu Ende
Wir schreiben gerade ein Diktat, da gongt es. Ich war so vertieft und wollte gar nicht aufstehen. Ich bin dann mit dem Florian ein Stück gegangen, und dann kam meine Mutter. Weil Karin und ich gestritten haben, hat sie arme kleine Karin gespielt und hat meiner Mutter was vorgeweint. Dann hat sie geschimpft gekriegt und dann ist sie gegangen wie die Königin von England. Und ich habe mit Florian gelacht. Dann mußte ich zu Frau Gernhard gehen.

Ich war froh, als ich mit Moni ihren Aufsatz verbessert und verstanden hatte. Heute treten mir aus der Urfassung die Kinder so lebendig entgegen, wie ich sie kenne, mit all ihrer Unordnung. In der zweiten Fassung treten sie auf wie für die Schule frisiert.

Ohne verbessernde Eingriffe ist die Schule nicht zu denken, aber ich wünsche mir auf jedes Lehrerpult einen Satz als Mahnspruch, den ich bei Heinrich Jacoby gefunden habe:

Auch das Falsche ist richtig,
solange es noch das Angemessene ist.

Er mag uns helfen, zuzuhören und abzuwarten, aufmerksam und einfühlsam zu werden, statt ungeduldig und rechthaberisch, wenn die Kinder anderes ausdrücken, als wir erwartet haben.

Hier noch eine Geschichte von Harald. Er hat sie geschrieben, sobald es ging. Ich mußte sie abschreiben, damit alle sie lesen konnten. Haralds Eltern sind getrennt. Er leidet an ihrer Uneinigkeit und an seiner Liebe zu beiden. Und tief drinnen glaubt er, mit seinem bloßen Dasein schuld zu sein an ihrer Entzweiung.

Der Affe und die Giraffe
Es war einmal ein Affe, der lebte in einem Zoo.
Er hatte eine Freundin, das war die Giraffe.
Er hatte auch viele andere Freunde, wie das Nashorn.
Aber am liebsten hatte er die Giraffe.
Aber eines Tages bekamen sie ein Kind.
Es hatte einen Affenkopf und einen Giraffenbauch
und Affenfüße und einen Giraffenschwanz.
Deshalb mochten sie sich nicht mehr.

Insel, Oase, Turm

Ein Traum: Ich will wieder zur Schule gehen, freue mich auf eine Zeit der Muße, der ruhigen Beschäftigung mit wichtigen Dingen, des endlich gründlichen Begreifens. Dann finde ich mich auf der Treppe eines kleinen Internats wieder, abgewiesen. Zu alt! Zu spät! Ich muß wieder hinaus in die ganze Wirklichkeit. Und doch wache ich getröstet auf.

Die Schule war und ist mir eine Insel, eine Oase, ein Turm. Nicht so voll, grenzenlos, widersprüchlich, verwirrend, gleichgültig und bedrohlich wie die Welt draußen. In ihrem Raum kann man lernen, sich zurechtzufinden, sich tragen zu lassen, aufgehoben zu sein mit anderen. Eine heile Welt? – Schule kann nicht inmitten der ganzen Wirklichkeit stattfinden, sie muß etwas Überschaubares ausgrenzen. Aber sie darf dabei nicht lügen, darf nicht behaupten, sie gebe ein vollständiges Abbild dessen, was draußen wartet. Und sie muß in bezug auf sich selber realistisch sein, die eigene Gegenwart ernstnehmen, darf nicht verleugnen und verdrängen, was unerwünscht ist.

Schule muß heute anders und unbedingter als früher das eigene Leben wahrnehmen und zum Thema machen, damit man in ihr auch lerne, was es heißt, in verstehbaren Zusammenhängen und in Frieden mit anderen Menschen zu leben. Rings um die Schule ist soviel Hetze, Entfremdung und Beliebigkeit der Beziehungen, daß die Schule ein Gegengewicht bilden muß mit Sorgfalt, Bescheidenheit und Liebe, mit Freude, Wagemut und Ernst.

Ihr Anfang und Grund sollte das Bewußtsein eines Reichtums sein, der des Empfindens und Denkens, den die Kinder jeden Schulmorgen ins Haus tragen.

Ein Gedicht schließt dieses Buch. Bettina hatte sich am Ende des zweiten Schuljahres gewünscht: „Lernen wir mal was über Falken! Das sind meine Lieblingsvögel. Ich hab einen Falken." Sie brachte ihn mit, ein Falkenjunges aus Plüsch. Wir haben zusammengetragen, was wir über Falken wußten. Dann bekamen die Kinder ein Blatt mit dem Gedicht, lasen es durch, stellten ein paar Fragen. Mehrere Kinder wollten das ganze Gedicht für alle vorlesen. Die Stille, die sich da zwischen uns ausbreitete, kann ich nicht beschreiben. Ich wußte, daß wir gemeinsam das Gedicht und daß wir einander verstanden.

Der Falke

Ich zog mir einen Falken,
Länger als ein Jahr.
Ich zähmte diesen Falken.
Weil er so lieb mir war.

Doch als ich in sein Gefieder
Goldene Schnüre wand,
Erhob er sich in die Lüfte
Und flog in ein anderes Land.

Seitdem seh ich den Falken
Hinfliegen über die Länder,
Am Fuße seidene Riemen,
Im Gefieder goldene Bänder.

Dehnt er im Licht die Flügel,
Strahlt er in goldenem Schein.
Gott sende die zusammen,
Die gern beieinander wolln sein!

Der von Kürenberg um 1170
Nachdichtung von James Krüss